HISTÓRIA DA MACONHA NO BRASIL

HISTÓRIA DA MACONHA NO BRASIL

JEAN MARCEL CARVALHO FRANÇA

jandaíra

Copyright © Jean Marcel Carvalho França 2015
Copyright © Jean Marcel Carvalho França 2022

Todos os direitos reservados à Editora Jandaíra e protegidos pela Lei 9.610, de 19.2.1998. É proibida a reprodução total ou parcial sem a expressa anuência da editora.

Este livro foi revisado segundo o Novo Acordo Ortográfico da Língua Portuguesa.

DIREÇÃO EDITORIAL
Lizandra Magon de Almeida

ASSISTÊNCIA EDITORIAL
Maria Ferreira

COORDENAÇÃO EDITORIAL
Fernanda Marão

PREPARAÇÃO DE TEXTO
Elisa Martins

CAPA E PROJETO GRÁFICO
Alberto Mateus

DIAGRAMAÇÃO
Crayon Editorial

Maria Helena Ferreira Xavier da Silva/ Bibliotecária - CRB-7/5688

França, Jean Marcel Carvalho

F815h   História da maconha no Brasil / Jean Marcel Carvalho França. - São Paulo : Jandaíra, 2022.
168 p. ; 21 cm.

ISBN 978-65-87113-85-2

1. Maconha. 2. Maconha - Aspectos sociais. 3. Maconha - História - Brasil. 4. Maconha - Efeito fisiológico. I. Título.

CDD 362.2930981

---

jandaíra

Rua Vergueiro, 2087 cj. 306 • 04101-000 • São Paulo, SP
11 3062-7909   editorajandaira.com.br
Editora Jandaíra   @editorajandaira

SUMÁRIO

1   As histórias de uma planta **7**

2   O vício dos pretos? **25**

3   Diambismo: um flagelo social **61**

4   O canabismo dos hippies e dos excluídos **93**

5   Canabismo, um hábito economicamente viável **135**

      Referências bibliográficas **151**

AS HISTÓRIAS DE UMA PLANTA

HÁ PELO MENOS TRÊS HISTÓRIAS possíveis das relações entre as sociedades humanas e o cânhamo, uma planta provavelmente de origem asiática, que o renomado botânico sueco Lineu batizou, em 1753, de *Cannabis sativa*. A mais longa, abrangente e bem documentada é, sem dúvida, aquela que diz respeito aos seus usos como fonte de fibras para a confecção de tecidos e, posteriormente, a partir do século I a.C., para a produção de papel. Das civilizações que floresceram na Ásia àquelas resultantes da colonização da América, passando pelas que prosperaram na Europa, na África e na Oceania, praticamente todas, em determinada altura de suas existências, utilizaram, por vezes em grande quantidade, as fibras do cânhamo para, entre tantas outras coisas, vestir as suas populações, equipar os seus navios com cordas e velas ou oferecer aos interessados um suporte prático e resistente para o registro de suas experiências.[1]

É da China que vêm os rastros mais antigos do seu uso como fibra, rastros que remontam ao neolítico – encontrados em local que hoje faz parte de Taiwan – e passam a ser bastante comuns a partir de 4000 a.C. Por volta de 2300 a.C., escritos da região já destacam, entre as riquezas que fazem a prosperidade de um reino, as "vastas plantações de cânhamo".[2] Um pouco mais tarde, por volta do século I a.C., ainda na China, descobre-se outra aplicação útil para a fibra do cânhamo: a confecção de papel, um suporte leve, resistente e barato para a escrita. Os indianos cedo também começaram a servir-se das fibras da *Cannabis*, ainda que outros usos da planta, sobretudo os inebriantes, tenham predominado entre eles. De qualquer modo, a importância do cânhamo na cultura hindu é significativa – rezam os livros sagrados indianos que o cânhamo estava presente, com o próprio Shiva, no início do mundo –, assim como a atuação dos indianos na disseminação da planta e dos seus usos no Oriente Médio, na África e na Europa.

A Europa, a propósito, tomou contato com o cânhamo por pelo menos duas vias: primeiramente,

---

[1] Mais informações sobre o uso das fibras do cânhamo em diferentes culturas em: Rowan, Robinson. *O grande livro da* Cannabis, pp. 64--77; Abel, Ernest L. *Marijuana: The First Twelve Thousand Years*, especialmente o capítulo "*Cannabis* in the Ancient World"; Escohotado, Antonio. *Historia elemental de las drogas*; Goodman, Jordan; Lovejoy, Paul; Sherratt, Andrew (orgs.). *Consuming Habits*; Inglis, Brian. *The Forbidden Game*.
[2] Rowan, Robinson. op. cit., p. 65.

através dos citas, grandes usuários da *Cannabis*, que levaram a planta para a Grécia e para a Rússia – uma exportadora de volumes consideráveis de fibras de cânhamo para o restante do continente até o início do século XX; e, mais tarde, pelas mãos dos árabes, que a introduziram na Península Ibérica.[3] Já o grego Pedânio Dioscórdio, em *Sobre matéria médica* (200 a.C.), comentava que a planta era "muito útil à vida humana, pois dela se faziam cordas fortíssimas"[4] a partir de suas fibras. Os romanos, ainda que não a cultivassem em uma escala assinalável – a planta nunca figurou entre as suas principais produções agrícolas –, importavam-na em quantidade e utilizavam-na cotidianamente. Daí, por certo, as inúmeras referências à planta e às virtudes de suas fibras espalhadas pelas obras dos autores latinos – Leão Africano, Aulio Gélio, Galeno, Catão, Lucílio, Gaio Catulo, Plutarco e muitos outros. Plínio, o Velho, em *História natural* (século I d.C.), um dos livros mais influentes entre os sábios europeus interessados nas ciências naturais durante pelo menos catorze séculos, menciona o cânhamo em diversas passagens, em uma das quais explica ao leitor que se trata de uma planta "extremamente útil para a fabricação de cordas", que deveria "ser colhida no equinócio de outono e secada ao vento, ao sol ou na fumaça".[5] Foi, no entanto, na Península Ibérica e por meio dos árabes que teve início na Europa, por

---

3   Idem, pp. 71-76.
4   Laguna, Andres. *Pedacio Dioscorides Anazarbeo*, p. 153.
5   Plínio, o Velho. *The Natural History of Pliny*, p. 198.

volta do século XII, na região de Alicante, na Espanha mourisca, um dos usos mais importantes da fibra do cânhamo no continente: a produção de papel.

Da Europa e da África, que nunca mais deixaram de utilizar as fibras do cânhamo, a planta seguiu, na esteira da expansão marítima europeia, para a América e para as terras do Pacífico. A própria expansão dependeu em grande medida das fibras e da massa de cânhamo, muito utilizadas tanto na produção de velas e de cordas para navios como na calafetação das embarcações. Ao norte do continente americano, os ingleses começaram a plantá-lo nas décadas iniciais do século XVII, sob o governo de Thomas Dale, e os norte-americanos mantiveram o seu cultivo legal, contando com apoio do Estado, até pelo menos o final da Segunda Guerra Mundial (1945), como parte de um esforço nacional para equipar a Marinha com cordas e outros suprimentos derivados da fibra do cânhamo. E assim ocorreu mesmo depois de o FBI ter iniciado, a partir da segunda década do século XX, uma campanha sistemática contra o plantio e o uso do cânhamo em todo o país.[6]

A Espanha tentou introduzir a cultura do cânhamo nas Índias Ocidentais desde o século XVI, mas sem muito êxito, não obstante a crescente demanda da Marinha do reino por suas fibras. Por volta da segunda metade do século XVIII, Madri chegou mesmo a enviar vários

---

6 Rowan, Robinson. op. cit., pp. 88-102. Acerca do incentivo dado pelo governo norte-americano ao cultivo do cânhamo durante a Segunda Guerra Mundial, ver: *Hemp for Victory*, documentário produzido pelo Departamento de Agricultura dos Estados Unidos em 1942.

especialistas no cultivo e na utilização da planta para as possessões da América, com a missão de ensinar os habitantes locais a cultivar e preparar o cânhamo para os mercados colonial, espanhol e internacional; providência seguida da recomendação de que os vice-reis incentivassem a sua cultura por toda a Nova Espanha. Em 1793, a planta desembarcou em Cuba, mas gerou pouco interesse; no mesmo período, o cânhamo foi introduzido na Guatemala; no entanto, aí também não alcançou uma produção significativa. Na região do Panamá, tentou-se introduzir o seu cultivo em maior escala no início do século XIX, mas, uma vez mais, as iniciativas não vingaram. O mesmo ocorreu no Peru, em período anterior, que por muito tempo continuou a importar a fibra do Chile, onde o cultivo do cânhamo realmente prosperou a ponto de permitir aos produtores locais suprir as demandas dos movimentados portos do país e ainda exportar a fibra para as regiões vizinhas. O quadro, depois dos processos de independência das possessões espanholas na América, nas primeiras décadas do século XIX, não se alterou substantivamente; a parca produção perdurou até o início do século XX, quando acabou por praticamente desaparecer na região[7] – a produção legal, bem entendido.

Na porção portuguesa da América, no Brasil, as notícias mais frequentes sobre o plantio e o uso da fibra do cânhamo, em especial para as necessidades

---

7   Sobre o cultivo do cânhamo na América Espanhola, ver: Contreras, Ramón María Serrera. *Lino y cáñamo em Nueva España*.

da Marinha – uso amplamente conhecido em Portugal, que do século XVIII até pelo menos 1945 editou manuais agrícolas ensinando a plantar o cânhamo e a extrair dele a melhor fibra[8] –, começam a aparecer em meados do século XVIII. Seu uso nos estaleiros locais é anterior: estrangeiros que passaram pelos portos brasileiros no século XVII referem o uso de cordas e velas de cânhamo nas embarcações portuguesas. É, no entanto, no desenrolar do século seguinte que o cultivo da planta ganha impulso na Colônia. Em 1772, o vice-rei, marquês do Lavradio, tentou incentivar a sua cultura no sul do Brasil, mandando para lá um entendido em seu cultivo e umas tantas sacas de sementes. Em correspondência enviada à metrópole, datada de 1779, o marquês, sobre os problemas enfrentados sete anos antes para introduzir a cultura do cânhamo no país, explica que havia, então, uma enorme dificuldade em conseguir sementes, o que apenas pôde ser contornado graças à passagem de um navio francês pelo porto carioca. O governador, logo que pôs as mãos nas sementes francesas, mandou semeá-las e, ainda que os pássaros tenham comido algumas espigas, "as que puderam escapar multiplicaram" e foram mandadas "para a Ilha de Santa Catarina, com ordem para que se plantassem".[9] Infelizmente, as intempéries, a deterioração das sementes, a inépcia dos colonos e as vicissitudes políticas impediram que

---

8   Graça, Celestino. *A cultura do cânhamo*.
9   Lavradio, marquês de, Luiz de Almeida Portugal. "Relatório do marquez de Lavadio", p. 473.

a cultura prosperasse. Uma década mais tarde, em 1782, o sucessor do marquês, o vice-rei dom Luiz de Vasconcelos e Souza, importou do Chile 23 alqueires de sementes e também as distribuiu entre os agricultores de Santa Catarina. O pouco conhecimento que tinham da cultura da planta e a má qualidade das sementes, porém, fizeram com que os resultados deixassem muito a desejar.[10]

Dom Luiz de Vasconcelos e Souza, porém, não se deu por vencido e, apesar dos fracassos anteriores, investiu em um empreendimento ousado: a criação da Real Feitoria do Linho Cânhamo, a mais bem planejada tentativa de introduzir a cultura da planta em larga escala no país durante o período colonial. Inicialmente instalada, em 1783, na região da atual cidade de Pelotas e, mais tarde, em 1788, em razão da produtividade das terras e do melhor escoamento da produção, transferida para a região de São Leopoldo, a feitoria chegou a contar com vinte casais de escravizados em seu plantel – número considerado pelo vice-rei insuficiente para os trabalhos que devia realizar – e permaneceu produtiva até depois da proclamação da Independência. Vasconcelos e Souza, em um longo relatório que encaminhou a Lisboa em 1784, explica à administração metropolitana que estava enfrentando inúmeras adversidades para implantar a empresa, mas que, em agosto de 1783, enviara para a região um inspetor, com ferramentas e sementes, "o qual no dia 9

---

10   Moraes, Carlos de Souza. *Feitoria do Linho Cânhamo*, p. 60.

de outubro deu princípio por conta de Sua Majestade à referida Feitoria".[11] Por volta de 1796, o empreendimento persistia, mas a duras penas. O abandono era tanto que um estrangeiro, de passagem pelo Rio de Janeiro no ocaso do século XVIII, ao comentar uma pintura que vira nas paredes do Passeio Público da cidade, "a vista de uma plantação de cânhamo e da manufatura de cordas", destacou que a planta era "cultivada sobretudo nos distritos meridionais, perto de Santa Catarina",[12] mas que muito pouco incentivo vinha sendo dado à sua produção. Cerca de duas décadas mais tarde, em 1824, a agora Imperial Feitoria do Linho Cânhamo viu finalmente as suas instalações darem lugar à colônia alemã de São Leopoldo e o cultivo do cânhamo ceder espaço para outras culturas.

Depois do duradouro, mas oscilante, empreendimento de dom Luiz de Vasconcelos e Souza, a cultura do cânhamo no Brasil e a utilização da sua fibra nunca mais tiveram apoio governamental substantivo e, malgrado uma iniciativa aqui e outra acolá ao longo do século XIX, especialmente ao longo das primeiras décadas, não voltaram a ter expressão no país. Finalmente, em 1936, na esteira de uma iniciativa internacional, o cultivo da planta e a utilização dos produtos derivados de sua fibra foram proibidos no país.

Há, porém, ainda uma segunda história possível das relações mantidas pelas sociedades humanas com a

---

11 Idem, p. 61.
12 Sobre a embaixada de lorde Macartney à China, ver: França, Jean Marcel Carvalho. *Visões do Rio de Janeiro colonial*, p. 295.

Cannabis sativa – história um pouco menos documentada, mas igualmente longa e importante: aquela referente ao uso medicinal da planta. Aqui, também, os chineses foram pioneiros: suas receitas à base de cânhamo, na tradição oral, são anteriores a 2000 a.C. Os registros escritos começam a aparecer no século I a.C., nos quais a planta é recomendada para combater inúmeros males: dores reumáticas, constipação intestinal, desarranjos no sistema reprodutivo feminino, malária e tantos outros. Um pouco mais tarde, no primeiro século da era cristã, Hua Tuo, conhecido como o pioneiro da cirurgia chinesa, utilizou um composto da planta, misturado ao vinho, para anestesiar pacientes durante suas experiências cirúrgicas.

Pela mesma época, os indianos utilizavam o cânhamo no combate a uma verdadeira miríade de doenças: nevralgia, dor de cabeça, dor de dentes, reumatismos, inflamações diversas, raiva, nervosismo, problemas respiratórios, diarreia, cólicas, falta de apetite, retenção de urina, infecções de pele e, recorrendo aos poderes supostamente afrodisíacos da planta, problemas reprodutivos. Da Índia, as receitas à base de cânhamo migraram para a Europa, a África e o Oriente Médio. Os árabes, a propósito, conhecedores de uma larga gama de medicamentos que o incluíam – o renomado sábio Avicena menciona-o em diversas passagens de seus tratados médicos –, introduziram o seu uso terapêutico na Península Ibérica, onde médicos mouros, leitores das obras do referido Avicena e de outros compêndios da época, indicavam-no como diurético, digestivo, para amenizar a dor de ouvido e para "acalmar o cérebro".[13] Reza um tratado sobre o haxixe, escrito por Ibn al-Badri em torno de 1464, que o poeta Ali ben Makki, em visita a Bagdá, recomendou ao filho do tesoureiro do califado que experimentasse haxixe para combater suas crises epilépticas. Depois de alguma relutância, o rapaz aderiu ao tratamento e viu-se curado do seu mal; contudo, diz a lenda, não mais conseguiu ou desejou abandonar o consumo da droga.[14]

A Europa, e por meio dela a América, conheceu as propriedades médicas do cânhamo através dos indianos, a leste, e dos árabes, a oeste. Pedânio Dioscórdio, aquele que, em *Sobre matéria médica* (século II a.C.), via o cânhamo como uma planta "utilíssima para a humanidade", com a qual se fabricavam excelentes cordas, salientava também que suas sementes, quando torradas e consumidas em grande quantidade, "diminuíam o esperma", mas que o suco de suas partes verdes era "ótimo para a dor de ouvido".[15] Plínio, o Velho, em *História natural*, dizia que o suco reduzia o esperma, mas que a pasta de suas sementes esmagadas "faz[ia] sair dos ouvidos os vermes e os insetos que entraram ali".[16]

---

13 Rowan, Robinson, op. cit., pp. 31-7; Abel, Ernest L., op. cit., p. 161; Carlini, E. A.; Rodrigues, E.; Galduróz, J. C. F (orgs.). *Cannabis sativa L. e substâncias canabinoides em medicina*.; Joy, Janet E.; Watson, Stanley J.; Benson, John A. (orgs.). *Marijuana and Medicine*; Mack, Alison; Joy, Janet. *Marijuana As Medicine?*; Mathre, Mary Lynn. *Cannabis in Medical Practice*; Mikuriya, Tod H. (org.). *Marijuana: Medical Papers*; Starks, Michael. *Marijuana Chemistry*.
14 Cohen, Sidney; Stillman, Richard C. *The Therapeutic Potential of Marihuana*; p. 36.
15 Laguna, Andres, op. cit., p. 153.
16 Plínio, o Velho, op. cit., pp. 207-98.

O seu suco podia ser usado também para regularizar as funções intestinais, e a sua raiz, quando fervida na água, era excelente para amenizar as dores nas articulações e a gota, destacava o mesmo Plínio.

Oito séculos mais tarde, mostrando a persistência do cânhamo nas receitas médicas do Velho Mundo, Hildegard von Bingen, uma religiosa beneditina alemã, que viveu entre 1098 e 1179, registrava em *Physica* (1151-8), em um capítulo intitulado "Do cânhamo", que a semente da planta era um excelente alimento e promovia a limpeza do estômago, retirando o seu muco. A planta, quando ingerida, segundo Hildegard, era de digestão suave e tinha a propriedade de "diminuir os maus humores e aumentar os bons". Havia, contudo, inconvenientes acarretados pelo seu uso: se a pessoa era "fraca da cabeça e [tinha] a mente vazia", comer cânhamo causava dor de cabeça e, naqueles que padeciam de doença grave, dor no estômago. A monja ensinava, ainda, que "o tecido de cânhamo cura[va] úlceras e feridas abertas, porque o calor do cânhamo [era] temperado".[17]

Receitas com cânhamo contra males do estômago, dores diversas, reumatismos, doenças dos nervos e outras pequenas mazelas do corpo e do espírito persistiram entre médicos, cirurgiões, boticários e práticos europeus por todo o longo período que vai do século XIII ao XVIII; são referências modestas, incomparáveis com as informações disponíveis sobre, por exemplo, o uso médico do ópio no mesmo período.

---

17 Hildegard von Bingen. *Physica*, pp. 14-5.

Foi somente a partir da quarta década do século XIX que a medicina do Velho Mundo parece ter realmente descoberto as possibilidades curativas do cânhamo. Dois estudos então lançados com espaço de meia década, um na França, outro na Inglaterra, foram decisivos para tal inflexão. O estudo pioneiro é assinado por William O'Shaughnessy, um irlandês professor de química da Faculdade de Medicina de Calcutá. Em 1839, O'Shaughnessy publicou, em *Atas da Sociedade Médica e Física de Bengala*, um pequeno ensaio, intitulado "Caso de tétano curado com preparação de cânhamo (*Cannabis indica*)". Em 1843, entre seus artigos científicos publicou "Notas sobre a preparação do cânhamo indiano ou *gunjah* (*Cannabis indica*)", no qual se dedicava a avaliar os impactos do cânhamo sobre o organismo de animais – são descritas experiências com cachorros – e homens, bem como as possibilidades de aplicação médica da planta. O professor irlandês, sempre amparado em relatos de casos, sugeria que a planta poderia ser utilizada com sucesso no tratamento do reumatismo, da hidrofobia, da cólera, do tétano e da convulsão (a infantil, inclusive); mais importante, porém, do que a lista de males que propunha curar com a *Cannabis* foi o fato de O'Shaughnessy ter introduzido a erva e as suas possibilidades terapêuticas no meio científico europeu.[18]

---

18 O'Shaughnessy, William Brooke. "Case of Tetanus, Cured by a Preparation of Hemp", pp. 462-9; "On the Preparations of the Indian Hemp", pp. 343-7, 363-9, 397-8.

A comunidade médica ainda discutia as sugestões de O'Shaughnessy quando veio a público na França, em 1845, o longo e detalhado estudo do doutor J. J. Moreau, de Tours, intitulado *Do haxixe e da alienação mental: estudos psicológicos*. O destacado alienista, discípulo de Esquirol – a quem dedica o livro –, abre um campo todo novo de possibilidades para o estudo dos usos médicos da *Cannabis*: o da doença mental. O livro de Moreau – que já havia escrito um ensaio sobre o haxixe em 1841 – trazia aos interessados uma extensa história do uso inebriante e terapêutico da *Cannabis* e comentava longamente diversas experiências, próprias e alheias, com a droga, avaliando os ensinamentos que se poderiam retirar das alucinações produzidas por ela para a compreensão dos denominados "delírios patológicos".[19]

Obras e artigos como os de O'Shaughnessy e Moreau puseram o cânhamo na pauta das discussões científicas do Ocidente – a América aí incluída – e ampliaram muito o seu uso no meio farmacêutico. Ao término do século XIX, a *Cannabis* constava na lista de componentes de um sem-número de medicamentos, muitos produzidos por prósperas indústrias e disponíveis, sem prescrição médica, diretamente nos balcões das farmácias de diferentes cidades do mundo, como os populares digestivos Chlorodyne e Corn Collodium, manufaturados pela Squibb Company; o digestivo Casadein e Utroval, um remédio para cólicas, ambos

---

19 Moreau, Jacques-Joseph. *Du Hachisch et de l'aliénation mentale*.

produzidos pela Parke-Davis; os populares tabletes sedativos Doctor Brown's; os xaropes compostos Tolu, Lobelia, Neurosine e Cura Tosse em Um Dia, fabricados pela Eli Lilly; e os famosos cigarros de *Cannabis* ("cigarros índios", no Brasil), muito receitados para combater a asma, vendidos pela Grimault e Cia. e distribuídos por uma centena de representantes espalhados pelo mundo, até mesmo no Brasil.[20] Em 1898, o conhecido e respeitado manual médico *Enciclopédia Analítica de Medicina Prática*, do franco-americano Charles Eucharist de Medicis Sajous (1852-1929), assinalava que a *Cannabis* era então utilizada para a preparação de dezenas de medicamentos, os quais poderiam ser divididos em quatro categorias: os sedativos e hipnóticos; os analgésicos; os destinados ao aparelho digestivo; e os recomendados para o aparelho reprodutor – sobretudo afrodisíacos e estimulantes.[21]

Depois da segunda década do século XX, porém, à medida que a proibição de seu plantio e consumo avança pelo mundo, o uso médico da *Cannabis* no Ocidente diminui e, simultaneamente, diminuem as pesquisas científicas sobre a planta, que serão retomadas somente a partir de 1964, depois de longo período de ostracismo. As razões da retomada são conhecidas: de um lado, os avanços técnico-científicos, que permitiram a identificação da estrutura química da *Cannabis* e criaram condições para que os pesquisadores isolassem

---

20 Rowan, Robinson, op. cit., p. 33.
21 Sajous, Charles Eucharist de Medicis. *Analytic Cyclopedia of Pratical Medicine*.

os seus componentes e determinassem com um pouco mais de precisão as suas propriedades medicinais; de outro, as mudanças comportamentais ocorridas ao longo da década de 1960, que relançaram a maconha, seu uso e sua proibição em debate nas sociedades ocidentais. Essa retomada médico-científica dos anos 1960 ganhou, vale destacar, um impulso decisivo na década de 1990, quando cientistas norte-americanos identificaram a presença de receptores de canabinoides no cérebro humano, isto é, receptores produzidos pelo próprio corpo humano capazes de reconhecer as substâncias psicoativas derivadas do cânhamo.[22]

O Brasil, evidentemente, não passou imune aos poderes curativos do cânhamo, mas, como revela a pouca documentação disponível, somente começou a se servir deles no século XIX. Os manuais médicos da Colônia não mencionam a planta. A abrangente *Coleção de várias receitas e segredos particulares das principais boticas da nossa Companhia*, uma compilação de receitas médicas jesuítas que circulava, em forma de manuscrito, pelas colônias portuguesas de além-mar, não traz uma única fórmula que conte com o cânhamo entre os seus ingredientes.[23] A menção pioneira às propriedades médicas da planta em solo brasileiro coube a um estrangeiro, o naturalista austríaco Carl Friedrich Ph. von Martius. O seu conhecido *Flora Brasiliensis* (1853) dedica um longo parágrafo à *Cannabis* que encontrou

---

22 Mack, Alison; Joy, Janet, op. cit.; Mathre, Mary Lynn, op. cit.
23 Companhia de Jesus. *Coleção de várias receitas e segredos particulares das principais boticas da nossa Companhia*.

no Brasil, uma planta muito bem aclimatada aqui e dotada, segundo o botânico, de excelentes propriedades terapêuticas (calmante, desintoxicante, antiespasmódica etc.).[24]

Ao contrário, porém, de outras informações legadas por Martius – cuja obra teve forte influência sobre a nascente intelectualidade nacional –, aquelas referentes ao cânhamo parecem não ter gerado grande interesse entre os brasileiros. Prova disso é a inexistência de menções às suas propriedades curativas ou aos fármacos dela derivados nas centenas de teses médicas defendidas nas faculdades de medicina de Salvador e do Rio de Janeiro ao longo do século XIX. Embora o mercado abundasse de medicamentos à base de cânhamo – dos digestivos aos incontornáveis cigarros para asma, como indicam os anúncios publicados nos jornais e revistas da época –, uma menção mais consistente à planta e aos seus impactos sobre o corpo e a mente humanos aparece somente na edição de 1908 do *Formulário e Guia Médico*, do médico polonês emigrado Pedro Luiz Napoleão Chernoviz. O livro, um sucesso de público, com dezenove edições entre 1843 e 1927, traz uma longa descrição da planta e de suas propriedades, com destaque para as embriagantes. "Debaixo da sua influência", adverte Chernoviz, "o espírito tem uma tendência às ideias risonhas." Infelizmente, o autor é pouco pródigo ao comentar seus usos médicos, interessando-lhe muito mais dissertar sobre os modos

---

24 Martius, Carl Friedrich Philpp von. *Flora Brasiliensis*, p. 211.

de preparação do haxixe e sobre os impactos de seu consumo, o qual, aos seus olhos, lançava os usuários em um estado de "marasmo e imbecilidade".[25]

Chernoviz, a bem da verdade, não era um entusiasta do cânhamo; ao contrário, suas considerações sobre a planta e sobre os seus efeitos – terapêuticos e, sobretudo, inebriantes – vinham engrossar um coro que aumentou crescentemente ao longo da primeira metade do século XX: o daqueles estudiosos (médicos, juristas, agrônomos, botânicos e antropólogos) que viam o hábito de consumir a *Cannabis* como um legado nefasto da população negra no Brasil. O gradativo crescimento dessa percepção, marcadamente negativa, culminou na proibição definitiva de seu plantio e uso em 1936, sem que se tivessem desenvolvido no país quaisquer estudos aprofundados sobre suas propriedades médicas, salvo uns poucos resumos da bibliografia estrangeira a respeito do tema e breves menções às propriedades da erva contidas em obras dedicadas à farmacopeia local, como *O que vendem os ervanários da cidade de São Paulo* (1920), do botânico Frederico Carlos Hoehne, *Notas sobre plantas brasileiras* (1921), de Meira Penna, ou o *Catálogo de extratos fluidos dos Laboratórios Silva Araújo* (1930). Isso não obstante, como mencionado, a venda livre e regular, até as décadas iniciais do século XX, do cânhamo e de diversos fármacos à base dessa planta, cigarros inclusive, em farmácias, ervanários e feiras livres do país.

---

[25] Chernoviz, Pedro Luiz Napoleão. *Formulário e Guia Médico*, pp. 435-6.

Os doutores brasileiros parecem ter optado por um outro caminho: concentrar os seus esforços no combate – combate moral, ainda que disfarçado de rigorosa avaliação científica – a um hábito derivado do uso da planta que lhes parecia extremamente danoso para o futuro da civilização brasileira, o canabismo.

Eis, a propósito, a terceira história que se pode contar das relações que as sociedades humanas mantiveram com o cânhamo, uma história, se comparada às anteriores, extremamente rarefeita e mal documentada: a do canabismo, isto é, a do hábito de se consumir a *Cannabis* – bebida, comida ou fumada – pelas suas propriedades derivativas. É essa terceira história, especialmente a parte sucedida no Brasil, que o leitor irá conhecer em detalhe nos próximos capítulos.

O VÍCIO DOS PRETOS?

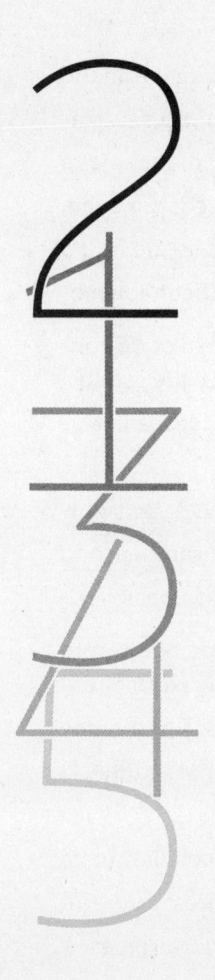

O HÁBITO DE SE CONSUMIR a *Cannabis* como um derivativo nunca gozou de muito prestígio e menos ainda de divulgação nas sociedades ocidentais modernas, dos dois lados do Atlântico, até pelo menos o início do século XIX. Isso não significa, nem de longe, que o canabismo não seja um velho conhecido do Ocidente. Já o patriarca dos historiadores, Heródoto (século V a.C.), comentava que os citas, pastores nômades vindos da região da Pérsia, apelavam com frequência aos poderes inebriantes da *Cannabis*, tomando as suas sementes e lançando-as sobre "pedras aquecidas ao fogo". "Quando começam a queimar", conta Heródoto, "desprendem grande quantidade de vapor [...]. Os citas expõem-se a esses vapores e, sentindo-se atordoados, soltam gritos e fazem imensa algazarra."¹ Oito séculos mais tarde, o médico romano de origem grega Cláudio Galeno (129-217), no seu tratado *Sobre as propriedades dos alimentos*, mencionava que muitos romanos ricos e requintados costumavam servir doce de cânhamo aos seus convidados, de modo a promover a alegria e o riso entre eles.² O canabismo, no entanto, jamais desfrutou de popularidade na cultura greco-romana, que parece ter sido, no que tange a derivativos, muito mais simpática e devotada à embriaguez do vinho.

A Europa moderna, depositária do gosto da Antiguidade pelo vinho e por outros fermentados, também não demonstrou grande empolgação pelo hábito de consumir *Cannabis*. Há, sem dúvida, menções à prática, mas são poucas e indicam tratar-se de um gosto exótico, estrangeiro. Duas delas, ambas saídas de livros derivados da expansão marítima, são ilustrativas. A mais conhecida vem de uma viagem imaginária, aquela de *Gargântua e Pantagruel* (1532), escrita por François Rabelais (1494-1553). A terceira parte das aventuras do herói Pantagruel traz três pequenos capítulos inteiramente dedicados ao cânhamo, sua aparência, seu cultivo, sua preparação para o consumo e suas virtudes. Batizada pelo narrador de *pantagruelion*, a planta, "apesar do seu cheiro forte e pouco agradável aos narizes delicados", era indispensável nas viagens do herói, pois – destaca o narrador – possuía muitas virtudes e tantos

---

1 Heródoto. *História*, liv. IV, pp. 73-5.
2 Galeno, Cláudio. *Oeuvres complètes*.

"efeitos admiráveis, que, se tivesse sido em suas qualidades conhecida, quando as árvores fizeram eleição de um rei dos bosques para regê-las e dominá-las, ela sem dúvida teria tido a pluralidade dos votos e sufrágios".[3]

A outra menção vem de uma obra publicada em 1563 por Garcia da Orta (1501-68), judeu português e médico pessoal de Martim Afonso de Sousa. O seu *Colóquio dos simples e drogas [e cousas medicinais] da Índia*, escrito durante as três décadas em que morou e medicou em Goa, traz um longo diálogo sobre o bangue, um eletuário à base de cânhamo e outras especiarias, que os indianos comumente usavam para relaxar e sonhar. Trata-se de uma das mais detalhadas e curiosas descrições do canabismo legadas por um europeu até, pelo menos, o início do século XIX.

> RUANO: Pois assim é, dizei-me como se faz este bangue, para que o tomam e a que leva?
>
> ORTA: Fazem do pó destas folhas pisadas e às vezes da semente; e alguns lhe lançam areca verde, porque embebeda e faz estar fora de si; e para o mesmo lhe misturam noz-moscada e maçã, que tem o mesmo efeito de embebedar, e outros lhe lançam cravo, e outros cânfora de Bornéu, e outros âmbar e almíscar, e alguns ópio; e estes são os Mouros que muito podem; e o proveito que disto tiram é estar fora de si, como enlevados sem nenhum cuidado e prazenteiros, e alguns a rir um riso parvo; e já ouvi a muitas mulheres que, quando iam ver algum homem, pera

---

[3] Rabelais, François. *Gargântua e Pantagruel*, pp. 560 e 566.

estar com chocarreiras e graciosas, o tomavam. E o que nisto se conta para que foi inventado, é que os grandes capitães, antigamente, acostumavam embebedar-se com vinho, com ópio ou com este bangue para se esquecerem de seus trabalhos, e não cuidarem, e poderem dormir; porque a estas pessoas as vigílias atormentavam. E o grão Sultão Badur dizia a Martim Afonso de Sousa, a quem ele muito grande bem queria e lhe descobria seus segredos, que quando de noite queria ir a Portugal, ao Brasil, à Turquia, à Arábia e à Pérsia, não fazia mais do que comer um pouco de bangue; este fazem eles em eletuário, com açúcares e com as cousas acima ditas, a que chamam maju.[4]

A situação não mudaria muito dois séculos mais tarde: o canabismo mantinha-se presente no Velho Mundo, mas como um hábito exótico, cultivado com frequência somente por gentes de lugares distantes ou por alguns ocidentais mais excêntricos (como marinheiros e aventureiros). Daí, por certo, a famosa *Enciclopédia* (1751-80) de Diderot e D'Alembert consagrar dois verbetes à *Cannabis*: um maior, com cerca de onze páginas, intitulado "cânhamo" (*chanvre*, em francês), dedicado a descrever o seu cultivo para a produção de fibras e o seu uso em alguns medicamentos; e outro, com menos de meia página, intitulado "bangue ou cânhamo da Índia", no qual o autor destaca que a planta, cultivada no Oriente, é muito semelhante ao cânhamo cultivado na Europa, mas utilizada para outros propósitos: "Os

---

[4] Garcia da Orta. *Colóquios dos simples e drogas da Índia*, v. I, pp. 96-7.

indianos comem as suas sementes e folhas para excitar o ato venéreo; tomado com areca, ópio e açúcar, leva ao sono; com cânfora, maçã, cravo e noz-moscada, produz sonhos agradáveis; misturado ao âmbar, ao almíscar e ao açúcar, desperta".[5]

O canabismo segue por caminhos ligeiramente diversos na América Portuguesa, no Brasil. Por aqui, desde muito cedo, o hábito aclimatou-se e deixou de ser exótico, de ser estrangeiro, o que não significa que tenha gozado de grande prestígio social e menos ainda de vasta divulgação. O sociólogo pernambucano Gilberto Freyre, em *Nordeste*, livro publicado nos idos de 1937, dizia que, outrora, a cultura da cana-de-açúcar, por ser sazonal e ocupar o colono por no máximo duas estações, deixava um imenso tempo livre para outro cultivo, o do ócio. Curiosamente, pondera Freyre, não passou pela cabeça da maior parte dos empenhados colonos que o tempo não consumido com a cana poderia ser utilizado de uma maneira um pouco mais "produtiva", plantando arroz, feijão ou quaisquer artigos de subsistência. Ao contrário, em paralelo ao plantio da cana, o colono resolveu dedicar-se a produções voltadas para o devaneio, para o escape: a indústria da aguardente, produto do agrado de todos; a cultura do tabaco, artigo indispensável para preencher as infindáveis tardes de calor e enfado dos senhores de engenho; e a cultura do cânhamo, da maconha (um anagrama de cânhamo), erva

---

[5] *Encyclopédie ou Dictionnaire raisonné des sciences, des arts et des métiers*, t. II, p. 59; t. III, pp. 147-57.

supostamente apreciada pelos "pretos"[6] e pela gente pobre, que precisava, digamos, relaxar, pois, afinal, eram "os pés e as mãos do senhor de engenho".

Da tradicional cachaça e do apreciado tabaco o passado colonial legou-nos muitas informações, não somente sobre o preparo, interesse e valor comercial de tais produtos, mas também sobre os usos recreativos que os colonos faziam deles. Do tabaco ou petume (*betum, petema, peti, petigma, petima, pitima, pituma, potum, petum*), por exemplo, há notícias constantes, que remontam ao início da colonização. André Thévet, Jean de Léry e Nicolas Barré, por exemplo, todos participantes da conhecida tentativa francesa de instalar uma colônia na região da baía de Guanabara, a França Antártica (1555-67), referem-se ao *peti*, amplamente utilizado pelos índios, em razão de suas virtudes medicinais, nutritivas e inebriantes. Léry conta que os nativos colhiam a planta em pequenas quantidades e a secavam em casa. Depois de secas, pegavam quatro ou cinco folhas e enrolavam "em uma palma como se fosse um cartucho de especiaria"; acendiam a ponta mais fina e punham "a outra na boca para tirar a fumaça que, apesar de solta de novo pelas ventas e pela boca, os sustenta a ponto de passarem três ou quatro dias sem se alimentar".[7]

Ao longo dos séculos XVII e XVIII, quando a vida nas cidades do litoral ganhou corpo, raro foi o visitante

---

6 Freyre, Gilberto. *Nordeste*, pp. 40-1.
7 Léry, Jean de. *Viagem à terra do Brasil*, p. 179.

estrangeiro que, de passagem por um dos grandes portos brasileiros (Rio de Janeiro, Salvador, Recife ou Santos), não teceu um comentário qualquer sobre o tabaco local, um tabaco de boa qualidade, fácil de ser encontrado nas casas comerciais, barato e muitíssimo consumido pelos habitantes, que o apreciavam, como salientou o inglês James Tuckey, em 1803, "na forma de charutos e de rapé".[8] Antes dele, um século antes, em 1711, André João Antonil, em *Cultura e opulência no Brasil por suas drogas e minas*, abria os seus comentários sobre a cultura do tabaco no país com uma nota reveladora da importância que tinha então o produto no mundo: "O tabaco tem feito [o Brasil] muito afamado em todas as quatro partes do mundo, nas quais hoje tanto se deseja e com tantas diligências, e por qualquer via se procura".[9]

Da aguardente de cana – que conta com centenas de designações na língua portuguesa – e do hábito de consumi-la restaram ainda mais notícias. Há descrições de seu preparo, de seu consumo pelas tripulações dos navios, da facilidade com que era encontrada no comércio local, dos lucros que propiciava e, sobretudo, dos excessos a que eram levados os seus apreciadores mais extremados, que não eram poucos. Há notícias de tais excessos por todos os lados: dos célebres pileques do poeta Gregório de Matos à história picante – contada

---

8 França, Jean Marcel Carvalho. *Outras visões do Rio de Janeiro colonial*, p. 262.
9 Antonil, André João. *Cultura e opulência do Brasil por suas drogas e minas*, p. 189.

pelo padre Cepeda, em 1764 – de um jesuíta teólogo do colégio da Bahia que, todas as noites, "vestido de marinheiro", saía para beber cachaça, armar confusão e se encontrar com "mulheres perdidas".[10]

Não por acaso, muitos daqueles visitantes que notaram o quão apreciado era o tabaco no país observavam também que os brasileiros consumiam copiosamente "uma aguardente forte e nociva para a saúde que, em razão de seu preço, estava ao alcance dos indivíduos de fortunas modestas"[11] – como explicou, em 1803, o mencionado James Tuckey. Perceberam, ainda, que era comum a briga de embriagados nas cidades brasileiras, onde todos andavam armados de adaga e espada. Apesar de tais problemas, contudo, o sucesso que a "pinga" alcançou na colônia foi tanto que, nas primeiras décadas do século XIX, época de intenso nacionalismo, o viajante francês Saint-Hilaire registrou que a bebida já havia se tornado uma espécie de "patrimônio nacional" e que os patriotas a tinham como um símbolo do espírito de independência que arrebatava o país.

Ao contrário do que ocorreu com o gosto pela cachaça e pelo tabaco – os dois "primos ricos" do cânhamo por aqui –, o canabismo, apesar de ser um hábito precocemente consolidado no Brasil, deixou poucos rastros. É difícil determinar ao certo quem o introduziu na cultura local. Os portugueses, como atesta o citado Garcia da Orta, o conheciam, por meio do contato

---

10 Fazenda, José Vieira. *Antiqualhas e memórias do Rio de Janeiro*, p. 146.
11 França, Jean Marcel Carvalho. *Outras visões do Rio de Janeiro colonial*, p. 261.

tanto com a Índia quanto com os mouros – povo consumidor de haxixe – instalados na Península Ibérica. O mesmo Orta informa, também, que muitos homens do mar portugueses eram adeptos do hábito, homens que transitavam entre a Índia, a África, o Brasil e Portugal. Os indígenas da América do Sul, ao contrário, usuários do tabaco e da aguardente de milho, ao que tudo indica desconheciam a *Cannabis* e o canabismo até os séculos XVI e XVII. Já os africanos – ao menos alguns daqueles que vieram para o Brasil – eram conhecedores da *Cannabis* e devotados ao canabismo. O gosto por consumir a planta em busca de seus efeitos inebriantes era bastante antigo entre eles, em especial no norte do continente africano.

O canabismo, ao que parece, penetrou na África por volta do século I, provavelmente através da Península Arábica, levado por caravanas de comerciantes árabes. A região do Magreb, sobretudo o Egito, aderiu ao consumo do haxixe – um modo de preparar a *Cannabis* para ser consumida como iguaria –, as regiões central e do sul do continente, ao contrário, optaram por consumir a erva ressecada, curtida e fumada em cachimbos.[12] Ao sul, a propósito, a adesão ao canabismo foi mais lenta e tardia, entre os séculos XIII e XVI. As caravanas comerciais que, saídas do Magreb e da Península Arábica, atravessando o Sudão ou a Etiópia, alcançavam a Zâmbia e as regiões vizinhas sem dúvida ajudaram a

---

12 Sobre a maconha no continente africano, ver especialmente: Toit, Brian M. du. "Man and *Cannabis* in Africa", pp. 17-35.

propagá-lo. Mas não se deve negligenciar também o papel dos marinheiros portugueses nessa propagação, pois trouxeram o hábito do canabismo da Índia e o difundiram nos portos de Moçambique, de lá atravessando o cabo da Boa Esperança, pelos portos de Angola e de outras regiões banhadas pelo Atlântico Sul, onde a cultura do cânhamo se adaptava maravilhosamente.

A "autoria" da introdução da *Cannabis* e do canabismo na América Portuguesa é, pois, incerta: os africanos, para cá trazidos como escravos a partir da metade do século XVI, conheciam a planta e apreciavam os seus efeitos inebriantes; mas muitos marinheiros portugueses, em particular aqueles frequentadores das carreiras da Índia, também eram adeptos do canabismo e conheciam a cultura da *Cannabis*. Isso, contudo, importa pouco, já que foram sem dúvida os africanos e seus descendentes que consolidaram o hábito do canabismo na sociedade local. Foi a eles que os brasileiros gradativamente associaram o gosto pela "diamba" (bangue, maconha, fumo de Angola, pito de pango, riamba, liamba etc.) e seu consumo regular, recreativo e relaxante; e foram eles que os "doutores" (psiquiatras e juristas) do início do século XX, ao promoverem um combate feroz ao canabismo, resolveram culpar por propagar o "nefando vício" pela sociedade brasileira.

Por certo, é também em razão de se ter consolidado na América Portuguesa como um hábito de escravos e de gente pobre, parcelas da sociedade com pouco acesso às letras e a outros modos de registro de suas práticas, que restaram, malgrado sua cotidiana presença no meio dos colonos, pouquíssimos rastros do canabismo na cultura local. Os culturalmente brancos e letrados poderiam, sem dúvida, ter dedicado maior atenção a uma prática tão popular, mas tudo leva a crer que o hábito ou vício do canabismo somente se tornou um problema social digno de atenção e menção a partir das décadas iniciais do século XIX, quando, sob alegação de que a *Cannabis* afetava o comportamento do escravo, tornava-o por vezes violento e comprometia o desenvolvimento de suas atividades produtivas, começaram a aparecer as primeiras proibições municipais à venda e ao consumo do "pito de pango". Proibições ainda tênues, que permaneceram, em larga medida, letra morta até as décadas iniciais do século seguinte.

Portanto, até pelo menos 1830, há somente referências esporádicas ao canabismo na Colônia, sempre relacionadas a delitos morais ou religiosos. Em 1749, por exemplo, um tal Antônio do Carmo, natural da Ilha Terceira, no arquipélago português dos Açores, compareceu diante do comissário do Santo Ofício da Comarca da atual cidade de Mariana, em Minas Gerais – lugar em que se plantava algum cânhamo destinado à indústria de cordas e velas –, para explicar-se sobre um caso comprometedor, em que o acusaram de estar metido. Pesava sobre o músico português a acusação de que "estava chumbado de aguardente e *de pitar* e se deitou na cama com vários rapazes músicos, por muitas vezes". Em tais ocasiões, surpreenderam-no "com brancos desonestos, fazendo pulsões com as mãos e outras vezes entre as pernas dos ditos rapazes, e foi no pecado de sodomia agente e paciente com o pardo Valentim Pereira".[13] Em 1777, o mesmo Santo Ofício, dessa vez em Lisboa, recebeu uma denúncia proveniente de Itapecerica da Serra, lugarejo próximo à cidade de São Paulo – uma região em que também se tentou plantar o cânhamo comercialmente até pelo menos a metade do século XIX –, acerca de uma mulher parda, de nome Brígida Maria, que, em companhia de seu amante, natural de Angola, andava pelas imediações da cidade promovendo festanças, durantes as quais dava uma erva para os participantes aspirarem – o cânhamo em forma de rapé, muito provavelmente – que os deixava "absortos e fora de si".[14]

Uma nota mais indicativa de que o canabismo há tempo se consolidara na sociedade brasileira e começava a tornar-se um problema social digno de atenção irá aparecer, como referido, somente na terceira década do século XIX. Em outubro de 1830, a Câmara Municipal do Rio de Janeiro, em uma atitude inédita no Brasil, estabelece no sétimo parágrafo das suas posturas a seguinte interdição: "É proibida a venda e uso do pito do pango, bem como a conservação dele em casas públicas; os contraventores serão multados, a saber: o vendedor em 20 mil réis, e os escravos e mais pessoas que dele usarem, em oito dias de cadeia".[15]

---

13 Arquivo Nacional da Torre do Tombo, Inquisição de Lisboa, 20º Caderno do Nefando, fl. 89, Confissão de Antônio do Carmo, Vila Rica, 21-3--1749 ao Comissário do Santo Ofício Felix Simões de Páscoa. Cf. Mott, Luiz. "A maconha na história do Brasil", p. 127.
14 Idem, p. 124.
15 *Código de posturas da Ilustríssima Câmara Municipal*, p. 9.

A atitude dos camarários cariocas, que resolveram pôr limites ao canabismo desenfreado da população escrava e de outros grupos, não foi isolada. Para ficarmos em poucos exemplos, a Câmara de Santos, nas suas posturas municipais de 1870, também proibiu a "venda e uso do pito de pango e outras substâncias venenosas para cachimbar e fumar". Aos transgressores, impunha uma multa de 10 mil réis e quatro dias de reclusão. Campinas, um pouco mais tarde, em 1876, seguiu o mesmo caminho, e como ela dezenas de outras cidades Brasil afora tomariam, ou já tinham tomado, medida semelhante.[16] Aumentara o canabismo ou aumentara a percepção social de uma prática há tempo disseminada em meio à população?

O século XIX, no hemisfério norte, não se pode esquecer, é marcado por uma súbita e intensa descoberta do canabismo. A história é conhecida. Em 1800, as tropas napoleônicas instaladas no Cairo e em outras regiões do Egito, impossibilitadas de consumir álcool em uma área mulçumana, mergulharam no consumo de haxixe, droga popularíssima entre a população local. A situação chegou a tal ponto que Napoleão, em outubro daquele ano, viu-se obrigado a baixar a seguinte proibição: "Está proibido, em todo o Egito, usar certas bebidas muçulmanas feitas com haxixe, assim como inalar a fumaça de sementes do haxixe".[17] Poucos efeitos teve a restrição em um país em que, de modo

---

16   Fonseca, Guido. *Crimes, criminosos e a criminalidade em São Paulo*, p. 237.
17   Cf. Rowan, Robinson, op. cit., p. 73.

muito mais intenso que no Brasil – onde o canabismo competia com o gosto pelo álcool e pelo tabaco –, o hábito de consumir haxixe estava arraigado no cotidiano da população.

Ora, não somente os soldados continuaram a consumir haxixe, como também o fizeram muitos franceses cultos, estudiosos do Oriente, que acompanhavam as tropas de Napoleão. Tais homens remeteram levas da droga para a França e, no seu retorno, trataram de divulgá-la entre sábios e literatos. Da França, a droga espalhou-se pela Europa e suscitou dezenas de estudos médicos, que a puseram na pauta das discussões científicas do século XIX e na receita de inúmeros remédios vendidos no período. Mas não somente isso. As notícias propagadas pelos orientalistas vindos do Egito deram início à construção de um repertório intelectual, literário e popular sobre a droga que teve vida longa na cultura ocidental e enorme impacto na perspectiva que os brasileiros construiriam da *Cannabis*: uma planta que curiosamente lhes era muito mais familiar que aos europeus.

Em linhas gerais, as notícias vindas do Egito, especialmente as propagadas pelo orientalista Silvestre de Sacy em 1809, no polêmico e posteriormente criticado artigo intitulado "Sobre a dinastia dos Assassinos e a origem de seu nome",[18] difundiram na Europa uma dupla tradição sobre o uso da *Cannabis*: de um lado,

---

18 Sacy, Silvestre de. "Chrestomathie arabe: Mémoire sur la dynastie des Assassins".

o canabismo promovia sonhos deliciosos e conduzia o praticante a estados de consciência inusitados, atraentes e úteis para os "homens de espírito"; de outro, induzia a comportamentos antissociais, a condutas imprevisíveis, por vezes extremamente impudicas e violentas – como rezava a história da dinastia dos temidos *Assassins*, cujo nome Sacy, de modo torto e equivocado, segundo os orientalistas, inventa, a partir de uma história narrada por Marco Polo e de uma derivação de *haschischin* (comedor de haxixe).

A dupla linhagem inaugurada na França, no início do século XIX, prosperou rapidamente. Aquela que associava o canabismo ao ócio, à violência, à luxúria, enfim, aos comportamentos antissociais fez carreira entre médicos, psiquiatras, políticos e juristas, atingindo, em todo o Ocidente, o seu momento de maior impacto social nas primeiras quatro ou cinco décadas do século XX, quando prosperou a campanha de proibição do cultivo da *Cannabis* e do uso de seus derivados.

A outra, a que enfatizava os estados novos de percepção e de consciência propiciados pelo uso da erva, prosperou, sobretudo entre os homens de letras, e produziu uma longa, contínua e importante série de escritos voltados para a descrição e análise dos seus efeitos "mentais": das cartas do jovem Goethe, narrando a sua experiência com a planta em companhia do amigo Johann Schiller, ao curioso "Haxixe em Marselha" (1932), do filósofo Walter Benjamin, passando, sem dúvida, pelos poemas e notas de Samuel Taylor Coleridge, pelos escritos sobre o tema produzidos pelo Clube do Haxixeiros de Paris[19] – especialmente pela obra *Os paraísos artificiais* (1860), de Baudelaire –, por *O comedor de haxixe* (1840), clássico do norte-americano Fitz Hugh Ludlow, e por umas tantas obras de autores menos conhecidos, mas igualmente importantes para consolidar uma consistente linhagem literária – como François Lallemand (*O haxixe*, 1843), Bayard Taylor (*As terras sarracenas*, 1854), Louisa May Alcott (*Jogo perigoso*, 1869), William Butler Yeats (*Autobiografias*, 1926) e um punhado de outros.

Ora, o Brasil, ao longo do século XIX, não viveu um súbito interesse pela *Cannabis*. Por aqui, pelo menos até as décadas iniciais do século XX, não houve médicos e farmacêuticos interessados em isolar suas propriedades terapêuticas ou alienistas explorando as semelhanças entre os delírios provocados pela droga e aqueles provenientes da alienação mental – ainda que remédios importados à base de cânhamo abundassem nas farmácias e as feiras e boticas vendessem montes da erva para combater um sem-número de males (de soluços a impotência). Por estas plagas, tampouco disseminou-se o interesse literário pela *Cannabis*, pelos tais novos estados de percepção e consciência que o consumo da erva supostamente despertava. Os poetas e romancistas nacionais, tendo-se em conta o que deixaram registrado ou o que sobre eles se registrou, foram mais amigos do álcool, do éter, do tabaco e, um

---

[19] O Clube dos Haxixeiros de Paris tinha como membros Jacques-Joseph Moreau, Théophile Gautier, Charles Baudelaire, Gérard de Nerval, Eugène Delacroix e Alexandre Dumas.

pouco depois, ao longo da primeira metade do século XX, da cocaína e, em muito menor escala, do ópio. A diamba, ou melhor, o haxixe – pouquíssimo consumido no Brasil, um estrangeirismo – mereceu um pálido e artificial conto de Olavo Bilac, "Haxixe" (1894), publicado na *Gazeta de Notícias do Rio de Janeiro* e reproduzido em livro de Beatriz Resende.[20] O conto, que abre com uma menção a Baudelaire, narra a história de Jacques, um trintão viajado e aventureiro que, durante uma crise de insônia e indisposição, tomou uma dose excessiva das pílulas de haxixe recomendadas pelo seu médico. Os efeitos descritos pelo incauto Jacques não são nada convidativos:

> Foi uma coisa horrível, sobre-humana, inenarrável, prolongada por toda a noite. Eu não dormia, mas não estava acordado. Dentro do meu corpo havia uma alma que sentia, que pensava: mas como hei de explicar isto? Não era a minha verdadeira alma, porque essa eu a sentia fora de mim, divorciada do meu corpo, pairando sobre ele, querendo reentrar nele, e não podendo.[21]

A desagradável experiência desse haxixeiro acidental – que termina a sua narrativa recomendando aos convivas que não experimentem a droga – é a única a figurar na literatura brasileira do século XIX. Os homens de letras daqui, que não viam o canabismo

---

20 Resende, Beatriz (org.). *Cocaína: literatura e outros companheiros de ilusão.*
21 Idem, p. 31.

como um exotismo importado do Oriente, pleno de mistérios, mas como hábito caseiro e vulgar, comum entre os escravos e a gente dita de *má vida*, julgaram-no indigno de menção literária, indigno de ser relacionado entre as práticas de um intelectual ou de um artista de respeito.

O que, pois, parece ter gradativamente ocorrido na sociedade brasileira do século XIX foi uma crescente percepção – em parte, talvez, devido à influência das discussões que, desde 1800, passaram a circular pelo Velho Mundo – de que o canabismo não era um hábito desprovido de perigos para a sociedade e que, no Brasil, se encontrava demasiado disseminado, especialmente em meio à parcela mais pobre da população. As marcas de tal disseminação estavam por todos os lados. Dizia-se que a própria Carlota Joaquina, em 1830, diante da morte, utilizara a diamba. Reza a lenda que a rainha, agonizante, chamou o seu fidelíssimo criado, o "crioulo Felisbino", e lhe disse: "O meu mal é de morte. Velha, doente e pobre, eu quero sucumbir com o orgulho da minha raça. Não quero morrer deitada. Uma rainha deve apresentar-se diante da morte com dignidade de soberana". Feito o desabafo, arrematou: "Traga-me aquele pacotinho de fibras de diamba com que mandamos para o inferno tantos inimigos". Lançando mão, então, de um chá que misturava diamba e arsênico, "a rainha morreu sem dor nenhuma, porque a fibra de diamba anestesiava o organismo".[22] Tais boatos aparecem, porém, em um

---

22 Assis Cintra, Francisco de. *Os escândalos de Carlota Joaquina*, p. 270.

romance histórico escrito em 1934 – *Os escândalos de Carlota Joaquina*, de Assis Cintra –, momento em que nem a rainha de sangue espanhol nem a diamba de origem supostamente africana gozavam de muita simpatia na sociedade brasileira; para mais, havia, então, um enorme empenho de médicos, psiquiatras e juristas em associar o canabismo a comportamentos excessivos, como o suicídio, por exemplo.

De 1860, no entanto, vêm notícias mais seguras. O naturalista suíço Johann Jakob von Tschudi, de passagem pelo Rio de Janeiro, soube pela boca de um botânico alemão instalado há anos em Cantagalo, o doutor Theodore Peckolt – que escreveria, mais tarde, as importantes *História das plantas alimentares e de gozo do Brasil* (1871-84) e *História das plantas medicinais e úteis do Brasil* (1888-1914) –, que "o cânhamo da Índia de que se extrai o haxixe, de efeito entorpecente", vegetava "espontâneo em vários pontos nos arredores de Cantagalo".[23] O mesmo farmacêutico informou ainda ao suíço que a *Cannabis* era vendida livremente nas feiras "em pequenos rolos, sob o nome de pango" e que os negros costumavam fumá-la misturada ao tabaco.

Tschudi, ciente de que se tratava de uma planta e de um hábito não nativos, aclimatados no país, especula ainda sobre quem teria introduzido a *Cannabis* e o canabismo no Brasil. Certamente atento ao fato de que os consumidores de cânhamo que via pela rua eram negros

---

23 Tschudi, Johann Jakob von. *Viagem às províncias do Rio de Janeiro e São Paulo*, p. 89.

e de que a maioria das palavras utilizadas pela população (se não todas) para designar a erva remetiam ao continente africano (pango, diamba, liamba, fumo de Angola etc.), Tschudi concluiu que era quase impossível saber ao certo como a planta chegara ao Brasil: "Suponho que as sementes foram casualmente trazidas por negros maometanos de Mina ou por escravos vindos do Congo".[24] O suíço, ao que tudo indica, desconhecia os esforços da Coroa para introduzir o cultivo do cânhamo no século XVIII – quando o governador moveu mundos e fundos para conseguir sementes que pudessem ser semeadas no sul da Colônia – e também os constantes e sempre infrutíferos incentivos do governo joanino e imperial para que os agricultores mineiros, cariocas e paulistas plantassem cânhamo em suas propriedades, de modo a atender minimamente às necessidades da indústria naval. Mas não culpemos o suíço. O canabismo, por essa época, já estava associado ao negro, a quem, por consequência, também era atribuída a responsabilidade de ter introduzido a planta e seu cultivo no país.

Era, afinal, o que transparecia nas ruas das pequenas e grandes cidades brasileiras; ao menos é o que reitera o renomado orientalista, escritor e diplomata britânico Richard Burton, tradutor das *Mil e uma noites* – livro repleto de referências ao consumo de haxixe. Burton dedicou duas passagens de *Viagem do Rio de Janeiro a Morro Velho* (1869) ao canabismo no Brasil, ambas associadas ao cotidiano do cativo. Ao descrever

---

24 Idem, ibidem.

uma "revista dos escravos" a que assistiu em Morro Velho, o inglês comenta: "Depois disso, os diligentes vão cuidar das casas e das hortas, dos porcos e das galinhas; vão lavar roupa e costurar, ou carregar água, lenha ou capim para vender". No entanto, ressalta: "Os preguiçosos e dissolutos vão gozar a santidade do dia à moda africana, deitados ao sol e, se puderem, bebendo e fumando haxixe, como os semisselvagens de Serra Leoa".[25] Mais adiante, dissertando sobre os cuidados que se deveria ter com a escravaria e sobre o quanto esta apreciava uma aguardente – gosto que tantos transtornos trazia aos senhores –, Burton salienta que o escravo também se mostrava muito amigo do pito de pango, "aqui chamado ariri, o conhecido *bhang* (bangue), *Cannabis sativa* da Índia e da costa ocidental e oriental da África. Mostra-se prontamente disposto a pagar até mil réis por um punhado desse veneno".[26]

E, como sugeriu Tschudi, não era difícil obter o "veneno" nas cidades brasileiras. Para se ter uma ideia do tamanho da oferta, o pequeno guia prático *O que vendem os ervanários da cidade de São Paulo*, de Frederico Carlos Hoehne, botânico do Instituto Butantã, livro publicado em 1920, quando já ia alta a campanha contra o canabismo, dedica um verbete inteiro ao cânhamo, frequentador assíduo das casas de ervas e feiras da cidade. Esboçando preocupação com a enorme disponibilidade do produto, Hoehne, que estava encarregado

---

[25] Burton, Richard. *Viagem do Rio de Janeiro a Morro Velho*, p. 292.
[26] Idem, p. 336.

de mapear os ervanários do estado de São Paulo justamente para que o Serviço Sanitário tivesse algum conhecimento e controle sobre o que neles se vendia ao público, adverte o seu leitor de que "nas sementes e flores femininas desta planta se acha encerrado um óleo resinoso volátil que é narcótico e estimulante; razão por que estas partes são fumadas há séculos pelos árabes e africanos". O zeloso botânico não tem dúvida de que foram os últimos "que trouxeram o vício da diamba ou maconha para o Brasil" e de que, "ainda hoje, não são raros os que a ele se entregam". O mais alarmante, porém, eram os sabidos efeitos do canabismo. Adverte Hoehne que vários estudos publicados sobre o vício enxergam nele um perigo capaz de provocar a degeneração mental, a ponto de fazer do viciado um louco e até um sujeito perigoso à sociedade.[27]

Mas voltemos à oferta do produto. Outro recurso do canabista, além das feiras e ervanários, era recorrer a uma plantação própria ou aos muitos traficantes espalhados pelas cidades brasileiras, homens que cultivavam ou sabiam quem cultivava uma pequena plantação e distribuíam o excedente entre os mais e menos conhecidos. Entre as décadas de 1920 e 1950, quando as autoridades crescente e sistematicamente passaram a combater o plantio e o uso do cânhamo, descobriu-se que essas pequenas plantações eram uma verdadeira infestação país afora e que não estavam localizadas

---

[27] Hoehne, Frederico Carlos. *O que vendem os ervanários da cidade de São Paulo*, p. 68.

somente nos arredores das cidades, antes se espalhavam por dezenas e centenas de quintais de casas particulares, até mesmo de respeitáveis idosos, como se descobriu durante uma "batida", em 1924, na cidade de Igreja Nova, no interior do Alagoas. As autoridades receberam uma denúncia e se encaminharam, "em companhia do prefeito", à casa de um septuagenário, "que declarou fumar diamba desde menino, encontrando no quintal de sua casa uma pequena plantação e a maconha já preparada e seca, em pequenos sacos, na sua residência, que foi por nós apreendida".[28] Arthur Ramos conta uma história parecida, ocorrida em 1935, que bem atesta o quanto a droga estava disponível no cotidiano do brasileiro. Narra o antropólogo que, em agosto daquele ano, a polícia do Rio de Janeiro, depois de uma denúncia feita por um usuário que passara mal e fora parar no hospital, capturou um pequeno traficante de maconha. Interrogado, o rapaz, um alagoano morador de um cortiço, revelou que pegara, no porto, umas sementes provenientes de um carregamento da droga que ia de navio para os Estados Unidos e dera para um amigo plantar em um sítio em Realengo. Desde então, passava pequenas quantidades da erva para alguns viciados do morro da Favela.[29]

Os canabistas mais abastados e discretos, indiferentes aos alertas de estudiosos como Hoehne, mas desgostosos de recorrer às populares casas e bancas de

---

28 Cordeiro de Farias, Roberval. "Relatório apresentado aos Srs. Membros da Comissão Nacional de Fiscalização de Entorpecentes", p. 111.
29 Ramos, Arthur. *O negro brasileiro*, pp. 171-3.

ervas ou a esses pequenos traficantes para consumir a diamba, podiam ainda apelar aos mundialmente conhecidos "cigarros índios", vendidos a preço mais salgado, sem receita médica pelo menos até 1926, nas boas farmácias do país. Fabricados pela Grimault e Cia., os cigarros de *Cannabis* eram recomendados para combater a asma, mas os seus anúncios, vinculados fartamente em jornais e revistas, sugeriam que os benefícios do medicamento iam um pouco além disso. Um deles, estampado no *Almanach Parisiense*, em 1905, dizia:

> A dificuldade de respirar, a roncadura, os flatos, a aspiração sibilante acabam quase logo, produz-se uma expectoração abundantíssima quase sempre em pouco tempo, torna-se mais fácil a respiração, mais branda a tosse e um dormir reparatório afasta todos os sintomas assustadores que se tinham manifestado.[30]

Outro, publicado na revista *O Malho*, em 1929, anunciava: "Os cigarros índios de Grimault e Cia. fazem desaparecer asma, opressão, insônia e catarro. À venda em todas as farmácias".[31]

Quem, no entanto, comprava e plantava tanto cânhamo? Tão somente os negros, seus descendentes e os asmáticos discretos e abastados? Ao longo do século XIX, a se levar em conta os poucos testemunhos disponíveis sobre o canabismo, tudo leva a crer que sim. A

---

30 Cf. Fonseca, Guido. *Crimes, criminosos e a criminalidade em São Paulo*, p. 239.
31 Idem, p. 240.

partir de 1910, no entanto, os dados se avolumam – não muito, é verdade – e os consumidores diversificam-se um pouco. É fato que tudo, ou quase tudo, que então se escreveu sobre o canabismo parte da máxima – tornada axioma – de que os negros eram os grandes, talvez únicos, responsáveis pela introdução do "nefando vício" do canabismo entre os brasileiros.

O médico e político José Rodrigues da Costa Dória (1857-1938), um dos paladinos do combate ao "vício" no Brasil, estudioso cujos artigos foram lidos, comentados e repetidos por mais de meio século, é taxativo nesse sentido. Explica-nos Dória que os brasileiros de outrora, "ávidos de lucro, fizeram o baixo tráfico da carne humana". Felizmente, prossegue o médico, "em 13 de maio de 1888, por entre alegrias e festas, foi promulgada a lei que aboliu a escravidão no Brasil"; entretanto, "no país já estavam inoculados vários prejuízos e males da execrável instituição, difíceis de exterminar". Entre os males legados ao país pelos tais homens que tiveram a sua liberdade usurpada "nos ficou o vício pernicioso e degenerativo de fumar as sumidades floridas da planta aqui denominada fumo de Angola, maconha e diamba, e ainda, por corrupção, liamba ou riamba".[32]

Depois do incisivo doutor Dória até pelo menos a década de 1960, raro foi o médico, o jurista, o jornalista, o literato, o agrônomo, o botânico ou o político interessado no tema que não tenha lançado mão de tal

---

32 Dória, José Rodrigues da Costa. "Os fumadores de maconha: efeitos e males do vício", p. 1.

associação. A origem negra da diamba e do diambismo, já na década de 1920, incorporara-se ao senso comum do brasileiro, a ideia naturalizara-se, tornara-se evidente e deixara de cobrar explicação ou demonstração. É por isso que Hoehne, em *O que vendem os ervanários da cidade de São Paulo*, não hesita em atribuir a origem do vício aos africanos. Meira Penna, em *Notas sobre plantas brasileiras* (1921) – um dos poucos livros brasileiros do período a fazer menção aos usos terapêuticos da *Cannabis* –, escreve, como se de uma certeza se tratasse: "A cultura da *Cannabis* é feita comumente no Brasil pelos negros, hábito trazido pelos seus antepassados da África. É conhecida por pango".[33]

Há até mesmo quem revista a constatação de laivos poéticos e fatalistas, como os eminentes psiquiatras Pedro Pernambuco Filho e Adauto Botelho, que arrematam um pequeno ensaio também da década de 1920, intitulado "Vício da diamba", com o seguinte lamento: "Dir-se-ia, dada sua origem, que a raça, outrora cativa, trouxera bem guardado consigo, para ulterior vingança, o algoz que deveria mais tarde escravizar a raça opressora".[34]

Ocorre, porém, que esses mesmos doutores que atribuíam ao negro a introdução e propagação no Brasil do *diambismo* – um africanismo muito mais usado, então, do que *canabismo* – também eram unânimes em admitir que o vício se propagava de dia para dia, tanto

---

[33] Meira Penna. *Notas sobre plantas brasileiras*, p. 70.
[34] Pernambuco Filho, Pedro; Botelho, Adauto. *Vícios sociais elegantes*, p. 72.

geográfica como socialmente. Para pioneiros no seu estudo (e combate), como Rodrigues Dória, Botelho, Pernambuco Filho, Francisco de Assis Iglésias e um punhado de outros, o diambismo era uma praga que se iniciara e crescera nas cidades do litoral norte – regiões importadoras de escravos –, penetrara o interior, entre índios, negros e caboclos – "gentes sempre prontas a abraçar um vício", como gostavam de dizer os homens daquela época – e se espalhara, ao longo do século XIX, com a vinda maciça de escravos do norte para o sul, pelas regiões meridionais do país. O doutor Iglésias, que escreve em 1918 um ensaio intitulado "Sobre o vício da diamba", acredita ser marcadamente um hábito do norte do Brasil. Botelho e Pernambuco, em 1924, concordam com Iglésias, mas acrescentam que o hábito se alastrava pelo interior dos estados do Nordeste e ganhava a região amazônica.[35] O também psiquiatra Heitor Péres, em artigo de 1939 incluído no livro *Maconha: coletânia de trabalhos brasileiros*, do Ministério da Saúde, vai além e adverte que o vício "se difunde, quase restrito que era às regiões setentrionais do país".[36] Arthur Ramos, na edição ampliada do seu livro *O negro brasileiro* (1940), traz informações ainda mais precisas acerca da propagação da diamba pelos estados do sul. Narra o estudioso da cultura negra que, nos "últimos tempos, a polícia carioca vem descobrindo no Rio uns antros de fumadores de maconha e até plantações da

---

35 Iglésias, Francisco de Assis. "Sobre o vício da diamba", p. 15.
36 Péres, Heitor. "Diambismo", p. 67.

erva em alguns morros e pontos afastados da cidade".[37] Perplexo com a frequência com que a polícia, em suas incursões pelas regiões mais pobres da capital, fazia tais descobertas, o antropólogo salienta que a cidade estava de fato sendo tomada por "uma verdadeira orgia de entorpecentes, o vício se generalizando de tal forma que até nas camadas inferiores a toxicomania" vinha "estabelecendo bases". Antigamente, prossegue Ramos, em tom alarmado,

> "só os que podiam pagar caro se entregavam ao uso e abuso dos alcaloides como a cocaína, morfina, heroína e muitos outros, na maior parte derivados do ópio. Hoje, com a utilização de plantas nativas do Brasil, até no morro da Favela é vulgar o uso de entorpecentes".[38]

Cerca de uma década depois da preocupante observação de Ramos, o Serviço Nacional de Educação Sanitária constatava que o problema se nacionalizara, melhor, se internacionalizara: "Não é um problema nacional, é um problema mundial. Não é um problema novo, ele se perde no horizonte do tempo. Mas aí está ele desafiando a nós todos que cuidamos da eugenia da raça".[39] A nenhum dos autores do período ocorreu que havia tempo, desde o século XVIII, que o diambismo era conhecido nas cidades e roças do sul do país e que

---

37 Ramos, Arthur, op. cit., p. 171.
38 Idem, ibidem.
39 Rocha, Irabussu. "Prefácio (2. ed.)". In: *Maconha: coletânea de trabalhos brasileiros*.

a planta e o seu consumo poderiam ter se aproveitado não somente do deslocamento dos escravos, mas também da propagação do cultivo da planta, incentivada pelos poderes públicos para atender à indústria de velas e cordas, como vimos.

Os atingidos pelo flagelo, segundo os convictos doutores que estavam escrevendo os estudos e as leis sobre o diambismo na primeira metade do século XX, cresceram na mesma proporção da sua expansão geográfica. Os ex-escravos e os seus descendentes ocuparam, sem dúvida, por muito tempo, um lugar de destaque. O pioneiro e muito citado José Rodrigues Dória, por exemplo, em 1915 esclarecia aos seus leitores que, no Brasil, o cânhamo era consumido principalmente

> em certas beberagens empregadas pelos feiticeiros, em geral pretos africanos ou velhos caboclos; nos candomblés, onde era empregado para produzir alucinações e excitar os movimentos nas danças selvagens dessas reuniões barulhentas; nos catimbós [...], lugares onde se fazem os feitiços, e são frequentados pelos que vão ali procurar a sorte e a felicidade; [...] e nos sambas e batuques, que são danças aprendidas dos pretos africanos [...].[40]

Em seu duro e influente artigo de 1918 sobre os perigos do diambismo, Iglésias fala da amplitude do vício entre os meios sociais mais pobres e rústicos do

---

40 Dória, José Rodrigues da Costa. "Os fumadores de maconha: efeitos e males do vício", p. 5.

país, sobretudo dos estados do norte, mas também dá especial destaque aos negros, descrevendo a reunião de diambistas a que assistiu no interior do Maranhão: "Os fumantes reúnem-se, de preferência, na casa do mais velho, ou do que, por qualquer circunstância, exerce influência sobre eles, formando uma espécie de clube, onde, geralmente, aos sábados, celebram as suas sessões".[41] Os diambistas, muitos deles negros e mulatos, salienta o doutor, formam uma roda e, depois de algumas baforadas em uma espécie de cachimbo com a erva, "uns ficam em estado de coma, em completa prostração; outros dão para cantar, correr, gritar; outros ficam furiosos, querem agredir, tornam-se perigosos".[42] Entre uma baforada e outra, porém, a maioria dos "diambistas entoam uns versos toscos, com termos africanos":

> O diamba, sarabanda!
> Quando eu fumo a diamba,
> Fico com a cabeça tonta,
> E com as minhas pernas zamba.
>
> Fica zamba, mano?
> Dizô! Dizô!
>
> Diamba mato Jacinto,
> Por ser um bão fumadô;

---

[41] Iglésias, Francisco de Assis, op. cit., p. 18.
[42] Idem, ibidem.

Sentença de mão cortada,
P'ra quem Jacinto matô.

Matô, mano, matô?
Dizô, dizô!

E dizô turututu
Bicho feio é caititu
Fui na mata de Recursos
E saí no Quiçandu.
Muié brigo cum marido
Móde um pôco de biju.

Brigô, mano, brigô?
Dizô, dizô!

Dizô, cabra ou cabrito
Na casa da tia Chica.
Tem carne não tem farinha,
Quando não é tia Chica
Então é a tia Rosa.
Quanto mais véia sebosa,
Quanto mais nova mais cheirosa.

Cheirosa, mano, cheirosa?
Dizô, dizô![43]

---

43 Idem, p. 19.

Iglésias, bem ao gosto de seu tempo, conclui a sua descrição com uma nota acerca do quão marcado por africanismos era o quadro que presenciara: "Interessante notar como, apesar de tantos anos que nos separam da escravatura, ainda acompanham o vício da diamba termos vindos com ela das costas africanas".[44]

A "roda de fumadores" descrita pelo eminente doutor foi citada em diversos artigos condenatórios do diambismo publicados ao longo da primeira metade do século XX, todos reafirmando a estreita relação entre o vício e os descendentes de escravos africanos. A cena mereceu até mesmo uma abordagem literária em *Cannaviaes*, do jurista sergipano Alberto Deodato, obra ganhadora do Prêmio da Academia de Letras de 1922. O pequeno livro traz um conto, "Sombras agrestes", quase inteiramente dedicado a uma roda de diambistas, formada por três participantes: Néo, um viciado de longa data e líder do grupo; Chico, que encontrara na diamba consolo para a fuga de uma filha com um palhaço de circo; e Ignácio, um iniciante desorientado e acabrunhado, que tinha acabado de ser abandonado na calada da noite por Rosa, sua esposa e grande amor. A cena criada por Deodato em pouco difere daquela descrita por Iglésias, salvo pelo desfecho trágico da trama, ilustrando quão perigosa a diamba poderia ser. O neófito Ignácio, depois de muito fumar, cantar e amargar horas de letargia, levantou-se ainda aturdido e alucinado pela erva, tirou uma faca da cintura e atentou contra a própria vida:

[44] Idem, ibidem.

A lâmina da arma branca riscou à meia-luz. Com os beiços arregaçados, numa expressão de ferocidade, Ignácio triturou nos molares a última palavra: RRRoosa! [...] Pelos buracos do telhado, a lua ciscava uma poeira de luz fria sobre o cenário, onde uma voz ainda longínqua cochichava: Bicho danado é maconha...[45]

Malgrado, no entanto, as muitas rodas de diambistas espalhadas pelo país, os batuques e candomblés repletos de maconha, os pretos sexagenários "pitadores de pango" e tantos outros traços indicativos de que o diambismo era uma prática ainda marcadamente dos ex-escravos e de seus descendentes, os "doutores" da primeira metade do século XX, gradativamente, constataram que a prática se disseminava por outros grupos. Em 1937, o psiquiatra Jarbas Pernambucano, filho de outro renomado psiquiatra, Ulysses Pernambucano, em artigo intitulado "A maconha em Pernambuco", escrevia: "A maconha é muito pouco conhecida entre a classe mais elevada, sendo, no entanto, mais divulgada do que se supõe entre a população baixa do Recife e de Maceió".[46] O médico Oscar Barbosa, pela mesma época, salientava que a droga, comum entre os negros, se alastrara pelos quartéis, prisões, portos, bordéis e outros locais frequentados por gente de "baixa extração social".[47] Em 1936, o psiquiatra Pedro Rosado, diretor do Hospital Juliano Moreira, em Salvador, disse que

---

[45] Deodato, Alberto. *Cannaviaes*, pp. 63-4.
[46] Pernambucano, Jarbas. "A maconha em Pernambuco", p. 189.
[47] Barbosa, Oscar. "O vício da diamba", p. 32.

o vício se espalhara pelos subúrbios das cidades populosas e que, "segundo o depoimento insuspeito dos nossos observados, principia[va] a invadir os quartéis, as fábricas, a cadeia e até mesmo entre os infelizes leprosos".[48] O psiquiatra sergipano João Batista P. Garcia Moreno, por volta de 1940, escrevia que o problema, até então, se circunscrevia à "classe baixa do povo, aos desamparados sociais e aos maloqueiros";[49] sob a categoria "maloqueiro" os psiquiatras incluíam os gatunos, malandros, boêmios, larápios e as mulheres da vida. A tal "classe baixa do povo", por sua vez, abarcava um leque enorme de tipos, que iam de vendedores ambulantes a pedreiros, passando por barbeiros, gentes do mar, militares de baixa patente, roceiros, carroceiros, estivadores, enfim, aqueles indivíduos das então denominadas – a expressão é de Arthur Ramos – "franjas incultas da sociedade brasileira".[50]

Por sorte, ponderam esses mesmos juristas, médicos e psiquiatras, o diambismo, contrariamente ao que ocorrera outrora na Europa, sobretudo na França – exemplo recorrente entre os doutores brasileiros –, não havia ainda penetrado nas camadas mais ricas e cultas da sociedade, nem se propagado entre intelectuais ou artistas de renome. É verdade que, como explica Jarbas Pernambucano, em 1937, Gilberto Freyre e uns tantos outros amigos fumaram, "por experiência,

---

[48] Rosado, Pedro. "O vício da diamba no estado do Pará", p. 85.
[49] Garcia Moreno, João Batista P. "Aspectos do maconheiro em Sergipe", p. 157.
[50] Arthur Ramos, O Negro Brasileiro, p. 31.

cigarros de maconha"; segundo o psiquiatra, o sociólogo, que observara em alguns de seus livros quão popular era a diamba entre as classes populares do Nordeste, "teve a impressão de um fim de festa, a pessoa já muito fatigada pela dança, um cansaço estranho, mas não desagradável".[51] Em 1924, porém, antes do "experimento" de Freyre, em livro intitulado *Vícios sociais elegantes*, os psiquiatras Pernambuco Filho e Adauto Botelho – homens preocupados com o avanço da diamba, do éter, do ópio, da cocaína e de outras drogas entre as gentes abastadas – são categóricos em dizer que a diamba era um vício das "classes pobres e incultas", que ainda não seduzira os mais cultivados, nem mesmo os tipos excêntricos. Todavia, advertiam os doutores, a "toxicomania" estava se tornando uma verdadeira epidemia na sociedade brasileira e era crescente o número de "indivíduos, via de regra esnobes", que, cansados dos prazeres habituais, procuravam incessantemente "a volúpia e as sensações estranhas", tornando-se viciados. Diante de tal quadro, concluem: "Desgraçadamente parece que, como se não bastassem já os outros tóxicos, a diamba tende a entrar para o rol dos vícios elegantes".[52]

Lúcida ponderação a dos psiquiatras, dois dos arautos do combate ao diambismo da primeira metade do século XX. Realmente, cerca de meio século mais tarde, o diambismo, ou melhor, o vício da maconha – o

---

51 Pernambucano, Jarbas, op. cit., p. 189.
52 Pernambuco Filho, Pedro; Botelho, Adauto, op. cit., p. 72.

termo "diambismo", a essa altura, já havia se perdido, do mesmo modo que o conhecimento acerca do quão popular havia sido o hábito na sociedade local – propagar-se-ia entre as camadas mais abastadas da população brasileira e tornar-se-ia um "vício elegante", ainda que sempre tenha conservado um forte apelo popular. Todavia, até que isso ocorresse, entre a segunda metade da década de 1960 e o início da década de 1970, o canabismo seria forte e, a se levar em conta os resultados, eficientemente reprimido: o cultivo da planta, comum até pelo menos 1930, foi lançado na ilegalidade; os produtos farmacêuticos derivados do cânhamo foram banidos das farmácias e ervanários; o consumo da erva passou a ser coibido e punido severamente por leis cada vez mais rigorosas; e, acima de tudo, criou-se uma poderosa mitologia negativa em torno da diamba e do diambismo, que se cristalizou no senso comum do brasileiro e somente começaria a se dissolver nas três últimas décadas do século XX. Tal mitologia, como se verá, tratou de conectar o gosto pela erva aos estropiados sociais (os "maloqueiros") e o hábito de consumi--la, à vadiagem, à loucura e ao crime.

3
DIAMBISMO: UM FLAGELO SOCIAL

EM 1953, A COMISSÃO NACIONAL de Fiscalização de Entorpecentes, com o apoio do Serviço Nacional de Educação Sanitária, do Ministério da Saúde, publicou uma reunião de artigos intitulada *Maconha: coletânea de trabalhos brasileiros*. Em um duplo prefácio, os organizadores, os médicos Roberval Cordeiro de Farias e Irabussu Rocha, esclareceram aos seus leitores o objetivo de reeditar, àquela altura, praticamente todos os estudos brasileiros conhecidos sobre a diamba e o diambismo publicados desde o início do século XX. Tratava-se, explicam os doutores, de reforçar uma campanha que "as forças eugênicas do país" vinham mantendo havia décadas contra a expansão do "nefando vício", àquela altura internacionalmente combatido por autoridades policiais, sanitárias e psiquiátricas.[1]

O livro tinha, pois, a função de dar a conhecer – de pontos de vista variados (médico, farmacológico, jurídico, psiquiátrico, sociológico etc.) e em uma linguagem com *ares científicos* – os terríveis e devastadores males produzidos pelo consumo da erva:

> A publicação deste livro levará ao conhecimento público a degradação a que se destina a humanidade. Cada leitor tenha em mente a seriedade da situação e colabore pela persuasão e pela inteligência em benefício dos prisioneiros do vício. É uma obra de mérito universal.[2]

É verdade que as pesquisas laboratoriais rigorosas, os estudos de campo amplos e controlados e as análises históricas e sociológicas exaustivas não eram as grandes virtudes dos 31 pequenos e engajados ensaios de ocasião ali reunidos, todos marcadamente impressionistas, sustentados em pesquisas laboratoriais e psiquiátricas copiadas de bibliografia estrangeira ou em observações apressadas de poucos casos, escolhidos sem critério definido. Isso, contudo, importava pouco àquela altura, quando já se consolidara entre as parcelas mais alfabetizadas da população, mas não somente entre elas, uma série de ideias acerca do diambismo e do diambista, entre as quais a de que as autoridades

---

[1] Cordeiro de Farias, Roberval. "Prefácio (1. ed.)". In: *Maconha: coletânea de trabalhos brasileiros*.
[2] Rocha, Irabussu. "Prefácio (2. ed.)", op. cit.

policiais deveriam reprimir com rigor aqueles incapazes de compreender – em razão da insanidade, da ignorância ou do banditismo – os males sociais do terrível vício. Um longo caminho havia sido percorrido até ali, e a coletânea, reunindo artigos publicados desde 1915, de certo modo contava um pouco a história dessa árdua e exitosa batalha: "Felizmente", explicavam os doutores, "foi focalizado, ainda em tempo, o vício da maconha, de modo a ser evitada entre nós a sua disseminação, não tendo o seu uso conseguido ultrapassar as classes sociais mais desprotegidas e ignorantes dos seus malefícios." Exultantes com resultados tão auspiciosos, os psiquiatras diziam-se convencidos "de que o feliz resultado das medidas de repressão tomadas, sobre o uso da maconha, decorreu principalmente da campanha educativa empreendida em torno do problema".[3]

Esse processo, pois, que Cordeiro de Farias e Irabussu Rocha, aplicados combatentes da toxicomania no Brasil, denominavam modestamente de "campanha educativa" – conduzida em larga medida por aqueles "bravos patriotas" que assinavam os artigos da coletânea –, ajudou a construir peça a peça, em menos de meio século, uma imagem social para a diamba, para o diambista e para o diambismo, prática que, apesar de habitar, havia séculos, a sociedade brasileira, passara despercebida e não suscitara a atenção dos políticos, dos médicos, dos juristas, em suma, não se tinha constituído, até o início do século XX, em um problema

---

3   Cordeiro de Farias, Roberval. "Prefácio (1. ed.)", op. cit.

social relevante. A tal "campanha" cuidara, pois – certamente sob forte influência da agressiva empreitada contra a *Cannabis* desencadeada no Egito, nos Estados Unidos e, posteriormente, no resto do mundo –, de *construir*, "identificar" diriam os doutores da época, um novo problema social em toda a sua extensão: isolar o mal e seus agentes causadores; mapear e descrever os danos sociais que supostamente geravam; e propor os meios para extirpá-lo ou, no mínimo, para restringir o seu avanço às "franjas da sociedade".

O passo inicial havia sido dado no século XIX. As inúmeras iniciativas camarárias contra o "pito de pango" não somente identificaram os grandes responsáveis pelo problema, os escravizados e seus descendentes, como ainda alertaram a sociedade para os perigos do diambismo: em particular a vadiagem e a desordem. O esforço, no entanto, ainda era demasiado modesto. Os médicos, psiquiatras e juristas que se debruçaram sobre a questão no início do século XX, um distúrbio médico-psiquiátrico de grande alcance social àquela altura, foram muito além: reiteraram as origens negras do vício, mas cuidaram também de destacar que havia muito ele deixara de ser privilégio de ex-escravizados e seus descendentes e se expandira por entre as camadas pobres da sociedade brasileira, as tais "franjas". A expansão social dera-se, aos seus olhos, em paralelo à geográfica: a princípio seguindo a rota dos escravizados (do norte para o sul), mais tarde espalhando-se do litoral para o interior. Resultado: a droga não era mais restrita aos então denominados "estados do norte", tendo-se propagado pelo Brasil, pelas roças e cidades, grandes e pequenas, do litoral e do interior.

Tão importante, porém, quanto mapear o avanço social e geográfico da diamba e do diambismo, era criar uma tipologia prática e eficiente que permitisse às autoridades (em especial policiais, médicos e psiquiatras) e à "população de bem", em geral – que deveria se precaver contra o mal –, detectar os comportamentos derivados do vício e conhecer os seus devastadores efeitos sobre o viciado e sobre a sociedade que o abriga. E foi o que fizeram os doutores da primeira metade do século XX. Lançando mão de relatos pessoais, de comentários de amigos, de depoimentos colhidos em manicômios, fábricas e prisões e de observações pouco sistemáticas de um ou outro caso (por vezes, de serviçais da própria casa do pesquisador), esses homens de saber, esforçados, mas pouco rigorosos, ligados à administração pública e preocupados com os "devastadores impactos" do diambismo sobre a sanidade e a moral das famílias, traçaram uma tipologia do vício e do viciado que – além de fomentar e legitimar uma série de leis relativas à proibição do cultivo e consumo da *Cannabis* no país, leis cada vez mais restritivas – teve enorme impacto e vida longa no senso comum do brasileiro, definindo, até muito recentemente, os parâmetros da relação que a sociedade local manteve com a planta e com o gosto de consumi-la. A preguiça – e seu derivado imediato, a vadiagem – foi o primeiro pecado a colar-se ao diambista. A relação era antiga. Havia tempo reclamava-se da pouca diligência com que os escravizados apreciadores da diamba se aplicavam ao trabalho. Burton notara que, nos domingos e dias santos, os escravizados conscienciosos iam "cuidar das casas e das hortas, dos porcos e das galinhas", iam "lavar roupa e costurar, ou carregar água, lenha ou capim para vender"; os diambistas, ao contrário, sempre "preguiçosos e dissolutos", sentavam em rodas, esparramados sob o sol, para beber cachaça e "pitar o pango".[4] Há, salvo uma ou outra nota policial, poucos registros sobre tais práticas, mas deveriam ser bastante corriqueiras, especialmente entre os denominados negros de ganho, que perambulavam livremente pelas ruas das cidades durante vastos períodos do dia, oferecendo os seus serviços à população.

Iglésias, no seu artigo de 1918, dizia que, segundo o que observara no Maranhão, os usuários, passada a excitação inicial provocada pela droga, caíam "em completa prostração" e tornavam-se imprestáveis para as atividades produtivas.[5] Isso no tocante aos usuários esporádicos, pois, como procurou demonstrar o médico Oscar Barbosa, "os inveterados no vício têm as funções nervosas deprimidas e, como o emagrecimento é rápido, entram em caquexia, sobrevindo-lhe a morte".[6] O mesmo Barbosa, mais adiante, complementa: "A diamba exerce ação deprimente sobre as funções nervosas, modificando profundamente a personalidade moral. O indivíduo perde o brio, o sentimento do dever e é

---

4 Burton, Richard. *Viagem do Rio de Janeiro a Morro Velho*, p. 292.
5 Iglésias, Francisco de Assis, op. cit., p. 18.
6 Barbosa, Oscar, op. cit., p. 41.

tomado de pronunciada estupidez".[7] O doutor Pedro Rosado vai mais longe e sintetiza o porquê da incompatibilidade entre diambismo e atividades produtivas. Explica-nos o psiquiatra, em "O vício da diamba no estado do Pará", que "os intoxicados crônicos [...] apresentam um quadro clínico bem diverso do apresentado pelo intoxicado agudo". A persistência e a frequência com que consomem a erva torna-os cada vez mais "apáticos, tristonhos, indiferentes ao meio e incapazes de um trabalho ativo e regular. [...] Os doentes permanecem horas parados e são morosos no que fazem e no que dizem".[8] O psiquiatra Luiz Ciulla, autor do ensaio "Intoxicados pela maconha em Porto Alegre", considera que, em geral, o diambista, "um psicopata perverso e instintivo, procura no tóxico a felicidade que não encontrara no trabalho regular [...]. Procura, assim, fugir da realidade áspera através da excitação intelectual, da vibração sensitiva e do devaneio". O embotamento do senso ético decorrente da constante excitação, segundo Ciulla, leva os diambistas a "abandonar a família e as ocupações para cair na vagabundagem, incidindo, nesta condição, numa maior criminalidade".[9]

A preguiça, melhor, certa boçalidade era, porém, o menor e somente o primeiro dos males causados pela diamba. A droga, como lembrava Dória, produzia "estragos individuais", mas, por vezes, dava lugar a "graves

---

[7] Idem, p. 40.
[8] Rosado, Pedro, op. cit., p. 87.
[9] Ciulla, Luiz. "Intoxicados pela maconha em Porto Alegre", p. 377 e 380.

consequências criminosas".[10] Jarbas Pernambucano, um pouco mais tarde, em 1930, não acreditava que a maconha conduzisse propriamente ao crime, mas não negava o seu vínculo com aquilo que denominaríamos pequena delinquência: "Em pesquisa que fizemos nas penitenciárias do Recife, verificamos que a porcentagem de criminosos fumantes é pequena, sendo, no entanto, grande entre os correcionais, isto é, malandros e vagabundos".[11] O psiquiatra sergipano João Batista P. Garcia Moreno concordava com seu colega e, no ensaio "Aspectos do maconheiro em Sergipe", acrescentava que era frequente a polícia sergipana "surpreender em furtos e roubos a maloqueiros, sob intoxicação aguda pela maconha, *toados*, como dizem na gíria policial". Comentavam as autoridades, explicou Moreno, que "o sentimento de coragem e de exaltação física fornecido pelo tóxico explica que os malandros recorram a dois ou três baseados antes da aventura".[12]

Ainda no mesmo ensaio, debruçando-se sobre umas tantas informações de "ouvir dizer" que recolhera em Aracaju sobre um grupo de delinquentes juvenis que se autointitulava "ratos cinzentos" – "a réplica sergipana dos *capitães de areia*, da Bahia" –, Moreno explicou que o grupo, "formando um bando liderado por um malandro experiente na criminalidade, que lhes traça o programa da vida miserável, cheia de aventuras e

---

10 Dória, José Rodrigues da Costa. "Os fumadores de maconha: efeitos e males do vício", p. 2.
11 Pernambucano, Jarbas, op. cit., p. 191.
12 Garcia Moreno, João Batista P. "Aspectos do maconheiro em Sergipe", p. 157.

incidentes policiais",[13] promove um verdadeiro culto à maconha, ao ponto de ostentarem como *slogan* a máxima "rato cinzento que não fuma maconha nasceu morto". A familiaridade com a diamba era tanta que, surpreendia-se o psiquiatra, "sabem dela mil coisas: os feitos, os nomes, as superstições, o folclore. Ouvi a comissários que os chefes dos bandos de ratos cinzentos apelam para a diamba como meio de eliminar o escrúpulo e a indecisão dos novatos à prática criminosa".[14] Apesar das ponderações dos colegas, o psiquiatra sergipano Eleyson Cardoso, no radical "Diambismo ou maconhismo, vício assassino", era bem mais categórico, advogando que "o maconhismo aparece como causa na criminalidade tanto contra a pessoa como contra a propriedade".[15]

Arthur Ramos, no citado *O negro brasileiro*, vai um pouco mais longe quando se trata de analisar a associação da diamba e do diambismo com a malandragem e a criminalidade miúda, o pequeno tráfico inclusive. O seu livro traz um punhado de historietas retiradas de jornais, ilustrativas do quanto o "vício de tão terrível veneno social", antes restrito às macumbas, aos catimbós, às prisões e a outros lugares próprios da gente de *mala vita*, alastrara-se pelas regiões de residência da gente modesta e estava em vias de se tornar uma "grande ameaça para a vida da própria cidade". O antropólogo se preocupava, sobretudo, com

---

13 Idem, ibidem.
14 Idem, ibidem.
15 Cardoso, Eleyson. "Diambismo ou maconhismo, vício assassino", p. 183.

os apregoados efeitos violentos do "veneno verde" para a sociedade carioca, pois o uso desse "tóxico terrível", dessa "erva infernal que mata lentamente", não somente propiciava a coragem necessária aos maloqueiros para realizarem os seus pequenos roubos, como criava um grupo próprio de criminosos ligados à cultura e à venda da erva; gente que vivia de propagar o vício – também entre adolescentes pobres – e lucrar com a perdição alheia.[16]

O médico Cordeiro de Farias, em "Uso da maconha (*Cannabis sativa* L.) no Brasil", também da década de 1940, defende que nem todo aquele que "se intoxica com cigarros de cânhamo fica com ímpetos criminosos", mas admite que há grande possibilidade de o maconhista converter-se "num indivíduo perigoso", pois, segundo o dedicado psiquiatra, era "inegável que o uso excessivo desta droga levava certos indivíduos a cometer crimes". Para Cordeiro de Farias, o viciado "tinha ímpetos de se livrar de um perigo imaginário" e, dependendo do seu "temperamento e constituição psíquica", era levado a praticar agressões e crimes, "caindo por fim num estado de decadência física e moral".[17] Tal possibilidade – a influência do uso da maconha sobre a criminalidade –, segundo o psiquiatra, era muito concreta, como atestavam os inúmeros depoimentos que recolhera, Brasil afora, de diversos chefes de polícia.

[16] Ramos, Arthur, op. cit., pp. 174-6.
[17] Cordeiro de Farias, Roberval. "Uso da maconha (*Cannabis sativa* L.) no Brasil", pp. 297-8.

Daí o médico José Lucena, autor de pelo menos três respeitados artigos sobre os impactos sociais da diamba e do diambismo, ter destacado que a erva "era capaz de uma perturbação psíquica global muito ampla".[18] E o também psiquiatra João Mendonça, que tratava a maconha por "planta assassina", em tom de denúncia, ter escrito: "Por uns minutos ilusórios de milagres celestiais para alguns, surgirá para a coletividade, e por muitos anos, o inferno dantesco das catástrofes morais que só não enluta a Humanidade, porque vai além, a aniquila".[19]

A propósito das ligações da maconha com as perturbações psíquicas, o problema era antigo. Já em 1920, o botânico Hoehne, autor do guia dos ervanários de São Paulo, afirmava que, de acordo com "vários trabalhos compilados e feitos por pessoas que, estudando o vício, nele enxergam um perigo iminente para o nosso povo", o usuário da diamba "degenera mentalmente a ponto de se tornar louco e mesmo perigoso à sociedade".[20] Cerca de uma década mais tarde, o influente Rodrigues Dória, um nome então consagrado quando o tema em pauta era diambismo, comentou, em uma passagem do seu livro *Responsabilidade criminal: seus modificadores* (1929), que a diamba causava o "estrago do organismo nos fumadores inveterados" e que não raro os viciados terminavam "tomados pela loucura".[21] Meira Penna, em

---

18 Lucena, José. "Maconhismo e alucinações", p. 96.
19 Mendonça, João. "Os perigos sociais da maconha", p. 103.
20 Hoehne, Frederico Carlos, op. cit., p. 68.
21 Dória, José Rodrigues da Costa. *Responsabilidade criminal: seus modificadores*, p. 118.

1930, no verbete dedicado ao cânhamo do *Notas sobre plantas brasileiras*, não deixou de salientar aos leitores, entre os quais muitos curiosos por plantas desconhecedores dos males causados pela diamba, que os sintomas mais proeminentes do diambismo eram mentais, levando o viciado a sensações exageradas, "minutos parecem anos, alguns passos parecem milhas", as ideias são "amontoadas e confusas", acompanhadas do "constante medo de ficar louco"; seguem, ainda, o "ranger dos dentes durante o sono, [...] embotamento de espírito e dificuldade de coordenar as ideias".[22]

A "cocaína do caboclo" era, pois, sem dúvida, um potencializador da pequena criminalidade e, talvez, uma indutora da loucura. Restava, no tocante a este último aspecto, determinar com mais precisão se os doentes mentais tinham a tendência a abraçar o vício ou se os viciados eram levados à doença mental pelos constantes delírios causados pelo consumo da droga. É por isso que Décio Parreiras, no ensaio "Canabismo ou maconhismo", recomenda: "Urge assim o estudo da vida pré-psicótica do fumador de maconha, quando se pretende medir e estabelecer a taxa de responsabilidade do derivado canábico no desencadeamento do caso clínico". Mais adiante, Parreiras avança uma hipótese: "Se o uso da maconha não conduz à alienação pura e definitiva, cria e gera a instabilidade mental, o que é enormemente grave". E arremata: "O diambista reage esquizofrenicamente e mata esquizofrenicamente",

---

[22] Meira Penna, op. cit., p. 70.

tendo "à sua espera o cárcere, o manicômio ou o hospital", isso quando uma "bala ou o punhal não lhe interrompem a trajetória infeliz nessa vida que ele mesmo tornou intolerável".[23]

Vagabundagem, crime e loucura, eis as consequências sociais do diambismo, um mal capaz de, como adverte Décio Parreiras, "criar, em breve, um estado de calamidade pública".[24] É verdade que o antropólogo paulista Alceu Maynard Araújo, em 1959, advogava, em livro intitulado *Medicina rústica*, que o efeito estupefaciente da maconha era quase inexistente – salvo naquelas poucas mentes mais propensas a fantasmagorias – e que o que se dizia da erva e de seus impactos sociais (violência, crime, insanidade...) era um mito que precisava ser combatido, arrematando: "E esse mito ainda não se acabou porque a polícia é a maior interessada nele".[25]

Opiniões como a de Maynard, no entanto, por muito tempo serão vozes completamente isoladas na sociedade brasileira, vozes excêntricas. Pelo menos até a década de 1980, o tom predominante dos discursos acerca da maconha e do maconheiro que se consolidou entre médicos, psiquiatras, autoridades policiais e mesmo entre os leigos, derivou majoritariamente dos estudos reunidos na coletânea da Comissão Nacional de Fiscalização de Entorpecentes, em 1953, e em uma dezena de outros ensaios dispersos por jornais, revistas

23 Parreiras, Décio. "Canabismo ou maconhismo", p. 264.
24 Idem, p. 385.
25 Araújo, Alceu Maynard. *Medicina rústica*, pp. 257-9.

e livros – ensaios geralmente assinados pelos mesmos autores ou por seus discípulos e parceiros. Foram esses homens, em larga medida, que promoveram intensas campanhas educativas contra o uso e o plantio da maconha, povoando, por meio de palestras, panfletos e reportagens de jornal – que muito colaboraram para a popularização das discussões acadêmicas sobre a diamba –, o imaginário de pais zelosos e colegiais curiosos com tantas histórias terríveis sobre a degradação humana causada pelo diambismo; foram eles que se debruçaram sistematicamente sobre aquilo que denominavam o "veneno verde", o "ópio do pobre", descrevendo as suas vítimas, mapeando os seus efeitos sobre os usuários (eventuais e crônicos), avaliando os estragos sociais que causava e propondo meios para bani-lo da sociedade brasileira ou, ao menos, de restringi-lo às suas "franjas"; foram eles, em suma, que ao longo de cerca de cinco décadas, com uma eficiência invejável, construíram uma imagem social extremamente negativa da maconha e do maconheiro que duraria, com diminuta contestação, até pelo menos a penúltima década do século XX.

A construção de uma imagem negativa da maconha e do maconheiro, porém, de nada valeria sem "normas preventivas e repressivas" que dessem aos agentes da lei os meios de coibir os que insistissem no cultivo e no consumo do "veneno verde", mesmo depois de cientes dos seus devastadores impactos sociais. Daí, sem dúvida, os mesmos médicos, juristas e psiquiatras envolvidos nos estudos do canabismo, uma parte substantiva deles funcionários de instituições estatais ou ocupantes de importantes cargos públicos, terem, desde muito cedo, pressionado as autoridades para que o país desenvolvesse uma rigorosa legislação punitiva contra o plantio, a venda e o consumo da maconha.

A luta, ainda que de maneira tateante, começara no século XIX, com a muito citada proibição ao "pito de pango", baixada pela Câmara Municipal do Rio de Janeiro em outubro de 1830, medida copiada por diversas outras municipalidades ao longo do século XIX. Depois de tal movimento, no entanto, nada mais se passou: o diambismo, um pequeno delito de escravizados e gente pobre, ficou confinado à sua insignificância social. A situação começaria a mudar no alvorecer do século XX, quando começam a pipocar aqui e ali restrições pontuais à compra e ao consumo da *Cannabis* e surge um crescente clamor por parte dos ditos especialistas por leis que reprimissem com rigor o cultivo, a venda e o consumo da planta.

Já em 1915, o incansável Rodrigues Dória, ao mesmo tempo que elogiava iniciativas como a da penitenciária de Aracaju, que coibiu a entrada de cânhamo nas suas dependências, destacava que somente "a proibição do comércio da planta, preparada para ser fumada", poderia de fato "restringir a sua disseminação progressiva" pela sociedade brasileira[26] – recordemos que, na visão do médico e de seus seguidores, o vício avançava

---

[26] Dória, José Rodrigues da Costa. "Os fumadores de maconha: efeitos e males do vício", p. 12.

a passos largos geográfica e socialmente pelo país. A essa altura, o ex-deputado, ex-presidente de província e médico catedrático Dória estava longe de ser uma voz isolada, dentro e fora do Brasil; seu artigo pioneiro era resultado de uma bem acolhida palestra que pronunciara no II Congresso Científico Pan-Americano, realizado em Washington, e vinha totalmente ao encontro da enorme preocupação com a toxicomania que se propagava pelo Brasil – sobretudo entre médicos e psiquiatras, muitos discípulos do próprio Dória – e pelos Estados Unidos.

Nesse país, desde o início do século XX, movidas por razões econômicas – os produtos do cânhamo concorriam com a indústria de derivados químicos sintéticos e de celulose –, médico-psiquiátricas, morais e de ordem pública, as autoridades sanitárias e policiais desencadearam uma verdadeira cruzada contra a *Cannabis* e o canabismo, hábito também lá relacionado aos negros, assim como aos imigrantes de língua hispânica – daí a designação *marijuana*, mormente utilizada pelas autoridades policiais. A partir de 1911 e em um crescendo, cidades e estados foram criando legislações restritivas em relação à venda e ao consumo da planta. Pelos jornais, impressos em papel de celulose, a população tomava ciência dos inúmeros crimes que supostamente praticavam os viciados e, o que era ainda mais grave, inteirava-se de como os "escolares" desamparados das classes desfavorecidas eram, dia após dia, arrebatados pelo "vício", comprometendo a ordem social e o futuro do país. Uma proibição definitiva viria somente em 1937, com a Lei de Taxação da Marijuana, mas a batalha começara bem antes, logo no início do século. O doutor Dória, pois, não falava sozinho; ao contrário, encontrava apoio e eco nos doutores e nas autoridades norte-americanas, as quais, por sua vez, não poupavam esforços para levar as suas inquietações aos países produtores das drogas que abasteciam o seu mercado consumidor, que rapidamente se tornava o maior e o mais atrativo do mundo.

No Brasil, Dória também não estava de modo algum isolado. Ao contrário, na sua esteira vieram dezenas de outros colegas médicos, juristas e jornalistas alarmados, sempre dispostos a relatar à população os enormes perigos do diambismo e a salientar a necessidade de leis que permitissem aos agentes da ordem extirpar o mal. Iglésias, por exemplo, em "Sobre o vício da diamba", depois de enumerar as dezenas de males que o diambismo causava ao viciado e à sociedade brasileira, arremata pedindo que "medidas enérgicas de profilaxia fossem adotadas pelos poderes competentes a fim de evitar as graves consequências da extensão do perigoso vício".[27] Apesar dos apelos de Iglésias, de Dória e de outros seus colegas, a lei n° 4.294, de 1921, que legislava sobre as "drogas venenosas", embora aderisse à política proibicionista que se espalhava pelo mundo – tendo os Estados Unidos como epicentro – e tratasse a toxicodependência como um problema de polícia e de saúde pública, não fazia ainda qualquer menção à *Cannabis*, propondo somente estabelecer penalidades "para os contraventores

---

27 Iglésias, Francisco de Assis, op. cit., p. 23.

na venda de cocaína, ópio, morfina e seus derivados" e criar "um estabelecimento especial para internação dos intoxicados pelo álcool ou substâncias venenosas".

A situação continuava, pois, incerta, dependente de esforços regionais e mesmo municipais dispersos pelo país. Em 1924, Pernambuco Filho e Adauto Botelho, no livro *Vícios sociais elegantes*, advertiam que a situação, em alguns estados do norte, era alarmante e exigiam a "imediata intervenção das autoridades".[28]

A advertência, no entanto, foi a menor das contribuições que Pernambuco Filho deu para o combate ao diambismo no Brasil. É conhecida e realçada a sua participação na Conferência Internacional do Ópio, promovida pela Liga das Nações em 1925, em Genebra. Diante das delegações de mais de cem países, que a princípio estavam ali reunidas para estabelecer tratados proibicionistas sobre o ópio e a cocaína – tratados que vinham sendo discutidos desde 1909 –, os egípcios, que fazia meio século denunciavam a existência de uma verdadeira epidemia de *Cannabis* no seu país, solicitaram a inclusão da erva na lista das substâncias proibidas. O inesperado pedido, que vinha acompanhado de um minucioso estudo apresentado pelo delegado egípcio El Guindy, relatando os perigos sociais da *Cannabis* e a necessidade de controlar a sua circulação internacional, recebeu imediato apoio de diversas delegações (chinesa, indiana, norte-americana, francesa, inglesa, entre outras) e deu origem a uma subcomissão encarregada

---

[28] Pernambuco Filho, Pedro; Botelho, Adauto, op. cit., p. 64.

de discutir o pleito, composta de especialistas da Grã--Bretanha, Índia, França, Grécia, Egito e Brasil.

Entre os doutores (médicos, químicos e farmacêuticos) convocados para debater os clamores egípcios – e liderados pelo representante francês, o farmacêutico Perrot – encontrava-se Pernambuco Filho, discípulo de Rodrigues Dória e implacável inimigo do diambismo. Logo na abertura da reunião da subcomissão da *Cannabis*, Pernambuco Filho, talvez empolgado com a posição do delegado grego, que dissera ser a maconha na Grécia "tão perigosa quanto o ópio", acrescentou: "No Brasil, a maconha é mais perigosa do que o ópio". Os argumentos vindos do Egito e do Brasil, países nos quais, a se ter em conta o relatado por seus delegados, as populações consumiam a *Cannabis* em larga escala e o vício cobrava elevadíssimos custos sociais, pesaram enormemente na deliberação final da subcomissão, que dizia:

> O uso de cânhamo indiano e dos preparados dele derivados só pode ser autorizado para fins médicos e científicos. Resinas não tratadas (*charas*), no entanto, extraídas das flores das plantas do sexo feminino da *Cannabis sativa*, do mesmo modo que as diversas preparações de que constitui a base (haxixe, *chira*, *esrar*, diamba etc.), não sendo atualmente utilizadas para fins médicos e só sendo suscetíveis de utilização para fins nocivos [...], não podem, em hipótese alguma, ser produzidas, vendidas, comercializadas etc.[29]

---

29 Conferência Internacional do Ópio. *Records of the Second Opium Conference*, vol. 2, p. 120.

Graças, pois, aos reiterados apelos do delegado egípcio, respaldado pelos delegados grego, chinês, norte-americano e brasileiro, além de tantos outros, o cânhamo entrou no rol das substâncias tóxicas ilícitas e os argumentos proibicionistas dos médicos brasileiros, capitaneados por Rodrigues Dória, ganharam apoio internacional, consequentemente, ampliando sua importância e alcance no país. As leis restritivas e as ações mais enérgicas do Estado, no entanto, demoravam a surgir. Em 1932, enfim, o governo provisório do Brasil, na sua missão de "reorganização constitucional do país", promulgou o decreto nº 20.930, de 11 de janeiro, destinado a fiscalizar "o emprego e o comércio das substâncias tóxicas entorpecentes" e regular "a sua entrada no país de acordo com a solicitação do Comitê Central Permanente do Ópio da Liga das Nações". O decreto, o primeiro a incluir a diamba, prescrevia no seu artigo de abertura:

> São consideradas substâncias tóxicas de natureza analgésica ou entorpecente, para os efeitos deste decreto e mais leis aplicáveis, as seguintes substâncias e seus sais, congêneres, compostos e derivados, inclusive especialidades farmacêuticas correlatas: I) O ópio bruto e medicinal; II) A morfina; III) A diacetilmorfina ou heroína; IV) A benzilmorfina; V) A dilaudid; VI) A dicodide; VII) A eucodal; VIII) As folhas de coca; IX) A cocaína bruta; X) A cocaína; XI) A ecgonina; XII) A *Cannabis indica*.

A quem fosse encontrado portando ou armazenando alguma das substâncias constantes nessa longa lista, "em dose superior à terapêutica determinada pelo Departamento Nacional de Saúde Pública e sem expressa prescrição médica ou de cirurgião-dentista", ou quem concorresse "para disseminação ou alimentação do uso de alguma dessas substâncias" incorreria em penas de três a nove meses de prisão celular e multa de mil a cinco mil réis.

Mal a lei de 1932 entrou em vigor, o médico Leonardo Pereira, ciente das dificuldades que se avizinhavam, escreve no ensaio "O cânhamo ou diamba e seu poder intoxicante": "É difícil a proibição do uso da diamba, por mais severas que sejam as leis". Daí a necessidade, prossegue Pereira, de as autoridades tomarem providências "extremas e com uma firmeza inabalável". O que estava em jogo, destacava o preocupado doutor, era "a eugenia, a pureza da raça". "Ao governo federal cabe a ingrata tarefa salvadora da coletividade, de não deixar que caia a moral da nossa gente." Pereira sugeria que as autoridades, principalmente o Ministério da Agricultura, empreendessem uma sistemática destruição de toda a cultura do canabiáceo, o passo inicial e decisivo para, em pouco mais de um triênio, segundo as previsões do otimista doutor, não mais "encontrar uma planta entre nós". Ainda segundo Pereira, era preciso também punir severamente os infratores, viciados e traficantes, "promovendo a reclusão por completo dos delinquentes, como crime de lesa-pátria".[30]

---

30 Pereira, Leonardo. "O cânhamo ou diamba e seu poder intoxicante", p. 61.

A promulgação da lei de 1932 não pôs termo às demandas dos médicos higienistas e psiquiatras por um combate mais intenso e sistemático das autoridades sanitárias e policiais à diamba e ao diambismo. O doutor Cordeiro de Farias, em "Uso da maconha (*Cannabis sativa* L.) no Brasil", reclamava, por exemplo, que, no interior do país, a grande maioria dos plantadores não tinha noção da infração que praticavam, pois ignoravam "ser proibida por lei a plantação de maconha, cultivada para o uso pessoal ou para o comércio, que até pouco tempo era feito livremente nas feiras, pelos raizeiros, que a vendiam sob o nome de fumo bravo".[31] Décio Parreiras, também na década de 1940, dizia que a legislação brasileira era "farta e sábia no assunto" e que trazia "segurança e punição adequada aos toxicômanos que perturbam a evolução natural da vida em comum", mas que o seu conhecimento por parte da população ainda era pequeno, e a fiscalização de seu cumprimento por parte das autoridades, lacunar.[32]

A "farta e sábia" legislação a que se referia Parreiras tinha, desde 1932, se aprimorado significativamente. De saída, o decreto nº 20.930 havia sido – considerada a necessidade de dotar o país de uma legislação "capaz de regular eficientemente a fiscalização de entorpecentes" e se adequar às "mais recentes convenções sobre a matéria" – substituído pela Lei de Fiscalização de Entorpecentes, de 1938, na qual se regulava em

---

[31] Cordeiro de Farias, Roberval. "Uso da maconha (*Cannabis sativa* L.) no Brasil", p. 301.
[32] Parreiras, Décio. "Canabismo ou maconhismo", p. 268.

detalhes a circulação e a venda de substâncias ilícitas. A novidade do decreto nº 891, no referente ao diambismo, é o tratamento que dispensa à toxicomania em geral, "considerada doença de notificação compulsória", e ao toxicomaníaco, um doente que ficava sujeito à "internação obrigatória ou facultativa por tempo determinado ou não". As medidas atendiam aos anseios dos psiquiatras locais, que viam consolidada a ideia de que o vício da diamba – e de outros derivativos – era um tipo de patologia mental e o doente, passível de internamento e de receber a mesma terapia que, desde os tempos de Pinel e Esquirol, se dispensava a outros doentes mentais: o *tratamento moral*.

O tema retornaria no Código Penal de 1940. O artigo 281, que versava sobre entorpecentes, proibia:

> Importar ou exportar, vender ou expor à venda, fornecer, ainda que a título gratuito, transportar, trazer consigo, ter em depósito, guardar, ministrar ou, de qualquer maneira, entregar a consumo substância entorpecente, sem autorização ou em desacordo com determinação legal ou regulamentar.

A pena prevista para os infratores era de reclusão de um a cinco anos e multa de dois a dez contos de réis. O artigo 281 recebeu um complemento em 1941, com o decreto-lei nº 3.114, de 13 de março, dispondo sobre a fiscalização de entorpecentes e indicando os membros da Comissão Nacional de Fiscalização de Entorpecentes. Ambos, o artigo e o decreto, tinham, segundo os combatentes do diambismo, uma dupla virtude: davam caráter nacional à luta contra a toxicomania e criavam esse órgão, encarregado de coordenar e potencializar as diversas ações de combate às drogas dispersas pelo Brasil.

Todavia, como destacava o médico higienista sergipano Eleyson Cardoso, as medidas repressivas constituíam somente uma parte do complexo e difícil problema, o qual exigiria, para que os resultados se mostrassem animadores, "pessoal numeroso e a intervenção de grandes verbas". Lamentava o médico, em 1948, que até então as medidas repressivas tivessem alcançado resultados ainda modestos e contrastassem com "o aumento da produção livre da diamba e seu comércio ilícito".[33] Para mais, o artigo 281 não penalizava o viciado, o consumidor, o que estimulava o consumo e reduzia os efeitos do combate que as autoridades empreendiam contra o cultivo e venda da erva.

José Lucena, autor, entre outros, de "Maconhismo crônico e psicoses", lamenta que, até aquela data, "aos contraventores a polícia se contente em privar da liberdade por alguns dias, detendo-os no xadrez da Segurança Pública"; quanto aos diambistas, quando muito, são encaminhados à Assistência a Psicopatas. Lucena, diante da pouca efetividade de tais medidas, todas incapazes de deter o avanço do maconhismo, clama por uma ação conjunta das autoridades sanitárias e policiais dos estados, sob coordenação da Diretoria de Higiene Mental, de modo a intensificar a luta pela

---

[33] Cardoso, Eleyson, op. cit., p. 186.

erradicação da toxicomania.[34] No entanto, tal erradicação – homens como Lucena o sabiam – não era uma tarefa fácil, mesmo com as melhores leis e intensa fiscalização das autoridades. A sensação de alguns envolvidos, como explica o desembargador Adelmar Tavares, em plena década de 1940, era a de que as leis se repetiam, "visando por todas as modalidades à defesa da sociedade no combate ao vício dos entorpecentes que degradam os homens", mas não parava de "aumentar a clientela dos manicômios e asilos de psicopatas".[35]

O pessimismo do jurista, no entanto, não era compartilhado por todos, ao contrário. A partir da metade da década de 1940 e em um crescendo, apesar das constantes e reiteradas críticas que continuavam a promover às supostas lacunas do combate ao maconhismo no Brasil – a essa altura, reduzira-se muito o uso dos vocábulos "diamba" e "diambismo" –, a maioria dos "especialistas" concordaria com Cordeiro de Farias quando este dizia que, com a orientação que vinha sendo dada à campanha contra o uso e o comércio da maconha pelas comissões nacional e estaduais de fiscalização, o uso da planta diminuía a olhos vistos, pois, outrora, a maconha era cultivada e usada com total liberdade e os seus "malefícios eram ignorados pela nossa gente, mesmo por parte das autoridades às quais cabia sua fiscalização".[36] Àquela altura, em 1943, muitos es-

---

34 Lucena, José. "Maconhismo crônico e psicoses", p. 238.
35 Tavares, Adelmar. "Revisão Criminal nº 767", p. 376.
36 Cordeiro de Farias, Roberval. "Relatório apresentado aos Srs. Membros da Comissão Nacional de Fiscalização de Entorpecentes", p. 113.

forços tinham sido empreendidos no sentido tanto de esclarecer a população acerca dos perigos do vício, quanto de punir e tratar viciados e traficantes. Daí Cordeiro de Faria estar seguro de que, mantidas as iniciativas em curso, a *Cannabis* e o canabismo logo deixariam de ser um problema social no Brasil. Entre as tais iniciativas em curso, o empenhado doutor Cordeiro de Farias destacava: "Uma campanha educativa contra o uso intensivo e plantio de maconha", demonstrando "os seus efeitos malignos", explicando "as razões pelas quais o seu cultivo é proibido no Brasil" e informando "as sanções aplicáveis às violações da legislação que regem o comércio e uso de drogas entorpecentes"; a produção de registros rigorosos sobre "viciados e vendedores"; a troca de informações entre as autoridades responsáveis pelo combate aos entorpecentes; [...] e o incentivo à produção de "estudos médicos sobre os efeitos sociais da maconha".[37]

Em artigo publicado no *Boletim dos Narcóticos*, editado pelas Nações Unidas, em 1955, o mesmo Cordeiro de Farias voltava à carga e promovia um longo balanço do que havia sido empreendido até então pelo exército de combatentes do canabismo que se constituíra no Brasil.[38] De saída, o psiquiatra explicava que as ligações entre a maconha e o crime ainda não eram totalmente claras – embora reconhecidamente um fumante de maconha possa "tornar-se uma pessoa perigosa, não

---

[37] Idem, ibidem.
[38] Cordeiro de Farias, Roberval. "Use of Maconha (*Cannabis sativa* L.) in Brazil". Report to United Nations Office on Drugs and Crime.

se deve inferir que cada pessoa que fuma e se intoxica com cigarros de cânhamo torna-se sujeita a impulsos criminosos" –, mas que estava demonstrado que a erva "tem efeitos físicos e mentais que definitivamente levam à degeneração mental e moral". Cordeiro de Farias adianta também que, felizmente, "o uso de maconha não é atualmente um grave problema social no Brasil", que ele nunca se tornou suficientemente generalizado para ser classificado como um problema social, embora fosse o maior problema relacionado com drogas ilícitas no país, já que a "utilização de morfina e de cocaína estava totalmente controlada". O médico atribui tal virtude à vigilância constante das autoridades sanitárias e policiais, que "não pouparam esforços para evitar a disseminação do uso da maconha no Brasil". O confiante doutor, certo de que as forças despendidas no país pelos anticanabistas tinham alcançado bom termo, informa ainda que mesmo o uso terapêutico da *Cannabis* estava em constante declínio no Brasil, pois os médicos não consideravam a planta suficientemente segura e "os fabricantes de preparações contendo *Cannabis* estavam mudando suas fórmulas".[39]

Cordeiro de Farias, como procedera no artigo de 1943, termina o seu ensaio adiantando algumas sugestões para que a situação prosseguisse alvissareira, entre as quais as sempre exaltadas e retomadas campanhas educativas contra o uso e cultivo de maconha, "inclusive cursos práticos [...] para ensinar as

---

39 Idem, "Uso da maconha (*Cannabis sativa* L.) no Brasil", pp. 300-1.

autoridades policiais e de saúde como identificar a maconha por suas características botânicas e informá-las sobre os seus efeitos maléficos"; o incentivo aos estudos médicos sobre os efeitos "sociais da maconha" e a promoção de congressos psiquiátricos sobre a erva e seus impactos; a centralização dos esforços regionais de combate ao tráfico e ao consumo de entorpecentes; a destruição sistemática das plantações de maconha; a criação de uma agência "com as funções especiais de supressão de toxicodependência"; e, ainda, para que não se esquecesse das origens negras do vício, a "preparação de um registro de seitas afro-brasileiras [...] que pudesse se revelar de grande valor médico e sociológico".[40]

Retornando às leis, o artigo 281, do Código Penal, que tantas alegrias trouxera a anticanabistas como Cordeiro de Farias, ainda sofreria duas alterações redacionais na década seguinte, uma em 1964 (lei nº 4.451, de 4 de novembro) e outra em 1968 (decreto-lei nº 385), quando passou a contar com a seguinte enunciação:

> Importar ou exportar, preparar, produzir, vender, expor a venda, fornecer, ainda que gratuitamente, ter em depósito, transportar, trazer consigo, guardar, ministrar ou entregar, de qualquer forma, a consumo substância entorpecente, ou que determine dependência física ou psíquica, sem autorização ou em desacordo com determinação legal ou regulamentar: comércio, posse ou

---

[40] Idem, p. 302.

facilitação destinadas a entorpecentes ou substância que determine dependência física ou psíquica.

A pena para os infratores era a reclusão, de um a cinco anos, e uma multa de dez a cinquenta vezes o maior salário-mínimo vigente no país. O decreto prosseguia apontando, logo a seguir, que incorria nas mesmas penas aquele que "faz ou mantém o cultivo de plantas destinadas à preparação de entorpecentes ou de substâncias que determinem dependência física ou psíquica", ou, ainda, "quem traz consigo, para uso próprio, substância entorpecente ou que determine dependência física ou psíquica". O decreto-lei nº 385 não somente resolvia um problema que havia muito preocupava as autoridades médicas e policiais – a clara penalização do usuário –, como ainda equiparava, contrariando as orientações internacionais, a sua pena àquela prevista para o traficante, atendendo aos clamores por mais rigor na punição dos indivíduos que, apesar das muitas advertências, insistiam no vício e alimentavam o tráfico.

Alterações mais substantivas viriam somente em 1976, com a lei nº 6.368, de 21 de outubro, que dispunha detalhadamente "sobre medidas de prevenção e repressão ao tráfico ilícito e uso indevido de substâncias entorpecentes". A essa altura, no entanto, o lugar e o impacto social da toxicomania, em geral, e do canabismo, em particular, já eram outros. A maconha, que, graças à virtuosa campanha desencadeada na primeira metade do século, se encontrava circunscrita às populações pobres e marginais e perdera visibilidade no cotidiano da sociedade brasileira, estava voltando por onde menos se esperava: pelas mãos dos jovens bem-nascidos. Havia tempo, é verdade, os doutores encarregados de combater o velho diambismo temiam que este se tornasse um "vício social elegante", como diziam Pernambuco Filho e Adauto Botelho em 1924. Décio Parreiras, na década de 1940, advertia que o cânhamo era ainda o "ópio dos pobres", mas que em breve não seria mais, "tal sua crescente valorização".[41] O também psiquiatra Maurício Campos de Medeiros, que seria ministro da Saúde do governo Juscelino Kubitschek, seguia na mesma direção e asseverava que a maconha, muito lentamente, "estava penetrando, por intermédio de uma juventude moralmente desorientada, em classes mais abastadas".[42] Premonitórios? Em parte, na medida em que a conquista de aficionados nos estratos médios e abastados da população não se deu exatamente do modo como alertavam os psiquiatras no início do século.

A "juventude desorientada" dos anos 1960 e 1970 não promoveria uma redescoberta do outrora popular hábito do diambismo, ela não seria, como tinham vaticinado os psiquiatras discípulos de Rodrigues Dória, uma espécie de vítima tardia da expansão daquele "flagelo" trazido da África pelos escravizados. Os canabistas ou maconheiros de então – não

---

[41] Parreiras, Décio. "Canabismo ou maconhismo", p. 252.
[42] Medeiros, Maurício Campos de. "Maconha e seus efeitos", p. 384.

mais diambistas – tinham descoberto o hábito no estrangeiro e atribuíam a ele outros significados. Pelas mãos de jovens universitários, artistas e intelectuais, popularizava-se agora no Brasil – como, de resto, um pouco por todo o mundo ocidental – aquela tradição estranha aos brasileiros cultos do século XIX, mas tão cara a certos intelectuais do Ocidente, como aqueles pertencentes ao Clube dos Haxixeiros de Paris, tradição que via o canabismo como um hábito libertador e a *Cannabis* como uma porta de entrada para estados renovados e inusitados de consciência.

4

O CANABISMO DOS HIPPIES E DOS EXCLUÍDOS

EM 1970, A ARROJADA REVISTA *Realidade*, voltada para a discussão de temas pungentes do cotidiano brasileiro e mundial, trazia na capa a chamada "Maconha nas escolas" e publicava a reportagem "A fuga perigosa", assinada pelo jornalista e escritor Carlos Soulié do Amaral. A matéria nada traz de original ou de excepcional, ao contrário, seu interesse vem exatamente da sua vulgaridade. O escrito assemelha-se a diversos outros, publicados entre a metade dos anos 1960 e o início de 1980, voltados para a denúncia da alarmante expansão do consumo de *Cannabis* entre as parcelas mais educadas e abastadas da população brasileira. Ao longo de meia dezena de páginas repetem-se, com mais ou menos colorido, mais ou menos ares de certeza científica, mais ou menos recorrências às incontornáveis "opiniões de especialistas", as mesmas estruturas, os mesmos argumentos e as mesmas conclusões que encontramos em dezenas de matérias sobre o tema publicadas na época, até pela própria revista. Dito em outras palavras, a reportagem de Amaral ilustra magistralmente certo repertório de ideias sobre a maconha, o maconheiro e o maconhismo que a mídia, os médicos, os educadores e as autoridades do período construíram no Brasil a partir da metade da década de 1960 – praticamente sem nenhuma oposição ou concorrência, como ocorrera na primeira metade do século – e que rapidamente se tornou moeda corrente no país.

À primeira vista, o ilustrativo escrito de Amaral não se distancia nem mesmo daqueles estudos produzidos por Rodrigues Dória e seus discípulos psiquiatras a partir de 1915. Amaral, do mesmo modo que os doutores de outrora, enuncia o problema em tom sombrio: "É a maconha. Devagar, ela seduz jovens, intelectuais, artistas. Agora entra nas escolas, e até crianças de doze anos estão fumando".[1] Os números de que lança mão, tal como o dos médicos anticanabistas, não escondem do leitor que o problema crescia de dia para dia e atingia dimensões alarmantes. "Só em São Paulo", registra o atônito jornalista, "foram apreendidas quase nove toneladas nestes onze anos: quantidade suficiente para abastecer cada cidadão brasileiro com dez cigarrinhos". E isso, adverte, apesar de o Código

---

[1] Amaral, Carlos Soulié do. "A fuga perigosa", p. 38.

Penal, no seu artigo 281, castigar, com penas de um a cinco anos de cadeia, "quem for apanhado com um cigarro de maconha entre os dedos, a fumar. O código pune a todos indistintamente: viciados, traficantes, consumidores eventuais".[2]

Ainda seguindo a linha de raciocínio dos psiquiatras do início do século – os quais certamente eram desconhecidos do jornalista, que se limitava a reproduzir opiniões consolidadas havia tempo no senso comum do brasileiro, inclusive da classe médica –, Amaral tece algumas considerações impressionistas e vagas sobre os efeitos da maconha, mas acaba por concluir que, embora as alterações provocadas pela erva dependam da personalidade do fumante, o seu consumo tem mesmo impactos nefastos sobre o indivíduo: "Certas pessoas podem entrar em profunda ansiedade e ter alucinações similares às de uma viagem lisérgica. Outros padecem de taquicardia, falta de ar, ânsia de vômito ou dor de cabeça", salienta o jornalista. E conclui em tom de advertência: "Os prontos-socorros registraram muitos casos de gente que quis apenas 'experimentar' maconha e quase morre".[3]

As semelhanças entre os argumentos veiculados na reportagem e o universo anticanabista dos psiquiatras do início do século, porém, acabam aí. Amaral, do mesmo modo que os seus contemporâneos que escreveram sobre o tema, herdou, sem dúvida, o tom alarmista e

---

[2] Idem, p. 41.
[3] Idem, p. 45.

sombrio do tempo inicial de combate à *Cannabis* e ao canabismo no Brasil; no entanto, o vício e o viciado a que se referem são outros. A reportagem não se destina mais, como os artigos de outrora, a convencer as autoridades e a tal "população de bem" dos enormes perigos da diamba e da necessidade de serem criados os instrumentos legais para combater um vício de escravizados que se alastrava e ameaçava a tranquilidade e a ordem públicas. As leis já existiam e as autoridades, do mesmo modo que a "população de bem", em geral, já tinham tomado consciência dos perigos do canabismo. Quanto aos grandes viciados de outrora, os escravizados, Amaral faz uma única e insignificante referência a eles – "o fumo de Angola dos escravos brasileiros"[4] – e nem sempre menciona que a erva tivera grande proeminência no cotidiano dos brasileiros pobres dos séculos XVII, XVIII, XIX e XX. A reportagem tampouco se refere à viva campanha anticanabista desencadeada no início do século, optando por apresentar o problema como uma novidade recém-aportada no país, ao lado de outras modas provenientes da tão comentada, cultuada e temida "revolução dos costumes" por que passavam as sociedades ocidentais desenvolvidas.

O canabismo problematizado pela reportagem era, pois, um vício ou hábito recente, de pessoas com posses e geralmente escolarizadas: sobretudo jovens colegiais e universitários, artistas e intelectuais. O conhecimento e o gosto pela *Cannabis* não lhes vieram de uma

---

[4] Idem, p. 43.

nostálgica e nacionalista apropriação de uma prática dos negros oprimidos pela escravidão – essa perspectiva, veremos adiante, tornar-se-á comum somente na década de 1980, 1990 –, viera, sim, conta-nos a reportagem, do estrangeiro, nomeadamente da Europa e dos Estados Unidos, lugares onde as drogas são "um símbolo da nova geração". "Os estupefacientes", observa Amaral, transformaram-se "em vício nos países ricos, altamente industrializados, cuja população tem elevados índices de renda." Além disso, informa o jornalista, algumas "figuras do cinema, da televisão, médicos, advogados, jornalistas, engenheiros, professores universitários e publicitários, economistas e comerciantes fumam regularmente maconha".[5] A moda, em suma, nada devia aos hábitos legados pelos escravizados e seus descendentes, ela era proveniente do mundo desenvolvido e tornara-se conhecida no país por meio de artistas e intelectuais famosos e cultuados.

Os motivos que levavam os jovens a adotar o vício também passavam longe da ignorância, da pobreza e da boçalidade que se atribuíam aos viciados de outrora. Amaral, recolhendo opiniões aqui e ali, dá algumas pistas das razões que então arrastavam tantos "jovens de bem" a consumir o outrora denominado "ópio do pobre". Para além de serem vítimas da moda – vítimas dos tais artistas e intelectuais de renome mundial que declaravam abertamente ou insinuavam consumirem a droga –, os jovens, explica um docente de filosofia

---

[5] Idem, p. 50.

ouvido pelo repórter, "não se sentem bem em casa, não se entrosam com os parentes, rebelam-se contra tudo o que representa autoridade: pais, mestres e, de modo geral, o governo".

Os psicólogos e psicanalistas por ele ouvidos vão mais longe e apontam certa "afinidade entre a maconha e a masturbação na adolescência". A relação é complexa. "Inconformado com as regras, horários e frustrações inevitáveis da vida social", explicam os especialistas em saúde mental, o adolescente menos preparado psicologicamente tende a descarregar as "tensões que o afligem praticando o ato solitário da masturbação. Com isso obtêm prazer e alívio; da mesma maneira que se descontrai e pensa afirmar sua individualidade ao fumar maconha." A tais motivos, Amaral acrescenta mais um: "A maconha é proibida". Ao acender o seu cigarro de maconha, o rapaz ou a moça que fumam estão não somente "gozando o prazer da erva, como também, incapazes de adaptar-se, gozam a delícia de ter violado uma ordem". A estreita ligação entre o canabismo e a contestação juvenil da ordem social dava, a propósito, margem a interpretações extremadas, como a do então diretor do Colégio Bandeirantes que assegurava ao repórter existir uma conspiração de caráter mundial, no sentido de perverter e desmoralizar a mocidade ocidental; tratava-se, acreditava o preocupado educador, "de mais um episódio da guerra ideológica entre o totalitarismo comunista e as democracias ocidentais".[6]

---

6   Idem, p. 47.

Absurdo ou não, o argumento, tal como as novas configurações do vício e do viciado, vinha dos países desenvolvidos do norte, principalmente dos Estados Unidos. Lá como aqui, a toxicomania voltava à cena e, ao seu lado, a histeria das autoridades e dos ditos especialistas. Lá como aqui, a maconha se viu associada, tanto por combatentes de seu uso como por usuários, à liberdade política e à desobediência civil. Os usuários louvavam o seu eventual poder libertador: "Assim que dá o primeiro trago, você se transforma em inimigo da sociedade", dizia o ativista Jerry Rubin, em 1970.[7] Os anticanabistas, por sua vez, supondo que tal potencial realmente existisse, acusavam a droga de flertar com a "subversão comunista". O lendário diretor do FBI J. Edgar Hoover, atento a essa associação, expediu em 1968 a seguinte recomendação para os seus subordinados: "Como o uso da maconha e de outros narcóticos está disseminado entre os membros da nova esquerda, vocês deveriam estar atentos para a oportunidade de fazê-los ser detidos por autoridades locais sob a acusação de uso de drogas".[8]

O alvoroço era tanto que o presidente conservador Richard Nixon, reagindo ao abrandamento das penas impostas aos consumidores de *Cannabis*, em 1971, resolveu declarar guerra às drogas e comprometeu-se pessoalmente a lutar contra qualquer tentativa de legalizá-la

[7] Rowan, Robinson, op. cit., p. 100.
[8] COINTELPRO letter from J. Edgar Hoover to Special Agent in Charge, Albany, 5 July 1968, In: http://goodtimesweb.org/covert-operations/2020/namebase-fbi-cointelpro-letter-hoover-jul-5-1968.html

nos Estados Unidos. O antigo Comissário do Serviço de Narcóticos dos Estados Unidos, Harry Jacob Anslinger, um dos pioneiros da luta contra a *Cannabis* naquele país, em sua ânsia de combater o temível vício, foi mais longe e chegou mesmo a contradizer-se ao tentar apontar o porquê de a planta ser uma "assassina da juventude": ele, que desde os anos 1930 condenava a maconha por seu potencial de gerar violência e crime entre os usuários – àquela altura, os usuários eram negros, imigrantes hispânicos ou indivíduos egressos das "franjas da sociedade" –, agora, três décadas mais tarde, via-se obrigado a condenar a erva por gerar nos usuários da vez – ativistas, universitários, artistas etc. – um "pacifismo insano", que os tornava "presa fácil do comunismo".[9]

O Brasil não teve bizarrias de tal gênero, pois os ex-combatentes de outrora não estavam mais na ativa e, por sorte, não foram requisitados a ajustar o seu discurso aos novos viciados e aos novos significados sociais atribuídos à maconha. É verdade que ficaram como herança daquele tempo muitas das ideias sobre o potencial destruidor da *Cannabis*, em especial aquelas que apregoavam sua estreita ligação com a vagabundagem – melhor, com a falta de motivação e de projetos futuros, como agora se dizia, afinal, a maior parte dos usuários era formada por jovens que desfrutavam de boas condições socioeconômicas –, com a delinquência, com o pequeno tráfico e com a gradativa deterioração mental e moral dos consumidores. Herdou-se,

---

9   Idem, ibidem.

igualmente, a certeza de que se tratava de um tóxico perigoso, que comprometia a ordem social e o futuro do país, e que era preciso combatê-lo incansavelmente, informando a sociedade sobre seus perigos (as tais campanhas educativas), mas também reprimindo com a força da lei aqueles que incidissem no seu consumo e comércio. Daí, por certo, a aprovação, em outubro de 1976, da lei nº 6.368, que distinguia traficante de usuário, ainda que continuasse a punir ambos com extremo rigor. Diz a lei no seu artigo 12:

> Importar ou exportar, remeter, preparar, produzir, fabricar, adquirir, vender, expor à venda ou oferecer, fornecer, ainda que gratuitamente, ter em depósito, transportar, trazer consigo, guardar, prescrever, ministrar ou entregar, de qualquer forma, a consumo substância entorpecente ou que determine dependência física ou psíquica, sem autorização ou em desacordo com determinação legal ou regulamentar.

A pena era de reclusão de três a quinze anos e pagamento de 50 a 360 dias-multa. Mais adiante, no artigo 16, lê-se: "Adquirir, guardar ou trazer consigo, para uso próprio, substância entorpecente ou que determine dependência física ou psíquica, sem autorização ou em desacordo com determinação legal ou regulamentar". A pena prescrita é de detenção de seis meses a dois anos e o pagamento, de vinte a cinquenta dias-multa.

As linhas gerais do combate ao canabismo, em resumo, estavam prontas quando a droga reapareceu como uma das grandes estrelas da dita contracultura, incluindo no preparo os argumentos médico-psiquiátricos que respaldavam a repulsa ao vício; tudo o mais, no entanto, teve de ser construído: o perfil do novo usuário, os custos sociais da expansão do vício – não eram mais os pobres e marginalizados os atingidos –, as razões que levavam esses usuários escolarizados à toxicomania e, ainda, a melhor maneira de prevenir e combater o que continuava a ser um flagelo social. A mídia, sobretudo jornais e revistas, teve um papel importante nessa invenção de uma diamba, de um diambista e de um diambismo "renovados". Não tivemos nenhum Rodrigues Dória nesse período, já lá se ia o tempo em que psiquiatras, partidários da tal eugenia da raça, dominavam o debate anticanabista. A palavra estava agora com uma chusma de especialistas, convocados para auxiliar as famílias a bem criarem os seus filhos e a evitar que fossem capturados pelo vício: médicos e psiquiatras, sem dúvida, mas também juristas, pedagogos, sociólogos, psicólogos e um punhado de outros. Foi a eles que a mídia recorreu e deu voz para compor a nova tipologia do vício e do viciado em *Cannabis*.

Em 9 de maio de 1966, o jornal *Folha de S.Paulo*, em uma pequena reportagem sobre o I Congresso de Segurança Pública, comentava que o grande tema do encontro era, sem dúvida, o combate ao cultivo e ao tráfico de maconha, "um mal que se alastra assustadoramente por todo o país, vitimando principalmente milhares de adolescentes". A matéria destacava que o tema não era exclusivamente policial, "tinha implicações sociais e econômicas, além de depender da educação, em sentido amplo", mas preocupava seriamente os responsáveis pela ordem pública.[10]

Quem habitualmente passasse os olhos pelos jornais e revistas do período por certo daria razão aos preocupados agentes de segurança. Os periódicos estavam abarrotados de notícias sobre prisões de traficantes e apreensões de quilos e quilos de maconha, a droga da moda. Mais que isso, os órgãos de imprensa davam conta também da facilidade com que os jovens, com algum dinheiro na mão, conseguiam a droga: eram cinemas suspeitos que vendiam porções de maconha nos intervalos dos filmes; falsos pipoqueiros e sorveteiros que sorrateiramente comerciavam a erva na porta das escolas; jovens de aparência insuspeita que se imiscuíam entre os universitários para viciá-los e fornecer-lhes a erva; maloqueiros que viciavam colegiais de doze anos, dando-lhes cigarros de maconha; casas suspeitas de onde, noite e dia, saíam e entravam jovens; enfim, os traficantes, informava a imprensa, espreitavam por todos os lados, fosse qual fosse o empenho da polícia – que, pelo que se lê, não era lá dos maiores.

Tornando o problema ainda mais agudo, os mesmos jornais e revistas traziam também muitas notícias do exterior dando conta, quase semanalmente, de ídolos da juventude (músicos, atores, intelectuais, dançarinos, artistas plásticos, dramaturgos, romancistas etc.) surpreendidos com maconha ou declarando-se

---

10 "Entorpecentes". *Folha de S. Paulo*, 9/5/1966, p. 4.

consumidores frequentes da droga, muitos deles afirmando publicamente o seu vício e exaltando os tais poderes criativos, místicos e libertadores da *Cannabis*. O despudor – retratava a mídia – atingia níveis inimagináveis e era cada vez mais tolerado, sobretudo nos ditos países desenvolvidos. Corriam o mundo, desde a segunda metade dos anos 1960, as diversas prisões, decorrentes do porte e do consumo de maconha, dos membros dos Rolling Stones, do ator Tony Curtis, do poeta Allen Ginsberg e de dezenas de outros ídolos de então. A essa altura já se tornara célebre a ironia do *beatle* John Lennon, que dissera ter fumado maconha no banheiro do Palácio de Buckingham durante uma visita para conhecer a rainha e receber a medalha da Ordem do Império Britânico em 1965: "Ríamos feito loucos porque tínhamos acabado de fumar um baseado nos banheiros do Palácio de Buckingham... Estávamos tão nervosos!". Igualmente se tornaram célebres, nos circuitos jovens e informados do país, a vida regada a maconha que se levava no mítico bairro de Greenwich Village, em Nova York, ou na ousada e hippie São Francisco, os libertários festivais de rock, um território livre para a *Cannabis*, e dezenas de filmes, livros e peças que exaltavam a denominada "cultura alternativa" ou "contracultura", na qual a *Cannabis* e suas supostas potencialidades criativas, contestatárias e libertárias gozavam de um enorme destaque.[11]

Toda essa ambiência, malgrado a censura e a vigilância policial – potencializados pelos governos militares

---

11 Rowan, Robinson, op. cit., pp. 88-102.

–, desembarcou pesadamente no Brasil e em sua esteira a maconha, droga de eleição do "mundo novo" que vinha do norte. Ao menos é desse modo que a revista semanal *Veja*, em 1970, entende o processo, descrito na matéria "A perigosa moda dos tóxicos". Logo de saída a reportagem anuncia que a maconha havia definitivamente ganhado adeptos nas parcelas mais ricas da sociedade: "O uso de tóxicos, que já tinha deixado de ser restrito às zonas de marginais ou do baixo meretrício, também deixou de ser considerado, fora delas, como uma extravagância ocasional".[12]

O ponto alto da reportagem, no entanto, não são as repisadas colocações que faz sobre a falta de estudos analisando os efeitos da *Cannabis* ou sobre os seus nefastos impactos sobre os jovens, são, sim, as conclusões que avança acerca dos porquês, àquela altura, de "o vício atacar mais as classes altas do que as baixas". Adianta duas possíveis razões, ambas lapidares, isto é, extremamente ilustrativas de um senso comum renovado – diverso daquele da primeira metade do século – sobre a maconha e o maconheiro que se formava no Brasil.

Dizia a matéria que muita gente atribuía a epidemia da droga no Brasil à "mania dos brasileiros de imitar tudo o que vem dos países avançados (nos Estados Unidos, 20 milhões de pessoas já experimentaram a maconha)". Tais críticos salientavam que a maconha e o LSD faziam "parte da civilização hippie e teriam aumentado

---

12 "A perigosa moda dos tóxicos". *Veja*, 1º/4/1970, p. 37.

a criatividade de poetas ilustres, como Allen Ginsberg, ou de músicos, como os Beatles e Janis Joplin". Daí, concluíam com certa ironia, os "cariocas de Ipanema ou paulistas da Rua Augusta, pasmos diante dessas novidades", terem aderido "à nova onda para não se sentirem superados". Outros, no entanto, como o então coordenador do Serviço de Repressão de Tóxicos e Entorpecentes do Departamento de Polícia Federal, não eram tão rigorosos com os países capitalistas e diziam que a moda vinha, na surdina, do "proselitismo inescrupuloso de Moscou", que disseminava a toxicodependência como um meio de sedução: "Enfraquecendo e desmoralizando os jovens, fica mais fácil conquistá-los para o comunismo ateu".[13]

Em reportagem do mesmo ano, intitulada "O vício juvenil", a revista volta à carga: "A maconha e os entorpecentes em geral, depois de penetrarem em certas camadas das classes média e alta, começam a exercer um irresistível fascínio entre estudantes secundários".[14] Em tom alarmista, a matéria também denunciava que, tal como ocorrera na Europa e nos Estados Unidos, a erva estava invadindo as escolas e as universidades brasileiras; segundo o médico Osvaldo Morais de Andrade, então diretor do Instituto Pinel, no Rio de Janeiro, a situação poderia ser considerada calamitosa: "Mais da metade dos dezessete leitos do pronto-socorro do Pinel é ocupada permanentemente

[13] Idem, p. 38.
[14] "O vício juvenil". *Veja*, 22/4/1970, p. 28.

por viciados, a maioria com menos de 25 anos", lamentava. Assim como na reportagem anterior, afirmava-se que a epidemia de *Cannabis* que arrebatava a juventude nacional vinha de fora, vinha do hábito de "macaquear o estrangeiro".[15]

Macaqueação ou não, a percepção que se tinha era a de que, tal como na Europa e nos Estados Unidos, o canabismo tomava conta de grande parte da juventude brasileira, de artistas e intelectuais de destaque, e viera para ficar. Em dezembro de 1973, em uma pequena nota policial que envolvia um traficante, jovens, artistas e o universo hippie, o jornal *Folha de S.Paulo* oferecia um quadro ilustrativo da situação que se acreditava então viver no país. Narra a reportagem que a polícia da cidade do Rio de Janeiro, depois de muito espreitar, prendera, em um apartamento da rua das Laranjeiras, o meliante João Eduardo Barbosa Nobre, traficante que fornecia droga para um ramo da elite musical do Rio de Janeiro: Maria Bethânia, Tim Maia, entre outros. Barbosa Nobre, que declarou no 9º DP só traficar para artistas, entregou uma lista de seus clientes à polícia, onde figuravam "artistas ligados a Roberto Carlos e Gilberto Gil". O próprio Gil "deveria oitocentos cruzeiros ao seu fornecedor. Tim Maia surge como o segundo da relação". A reportagem destacava ainda que a única dúvida pairava em torno "de Maria Bethânia, pois o traficante não colocara seu débito na lista", e que havia "outros implicados: o baterista Wilson das Neves; Ando do conjunto

15 Idem, ibidem.

RC-7, e o contrabaixista Rubens Sabino da Silva, por apelido Rubão". Informava também que dois agentes da polícia observavam o apartamento havia algum tempo e que um deles, "vestido de hippie, com peruca e trajando uma calça Lee florida", tentou estabelecer contato com os traficantes: "Apertou a campainha do apartamento e, posteriormente, disse a um dos envolvidos que trabalhava na televisão do Rio".[16]

Em 1976, um caso similar, registrado por diversos jornais e revistas da época, traz um ingrediente inusitado à cena: o crescimento da tolerância da opinião pública em relação ao canabismo, tolerância que se espalhava rapidamente pelo mundo ocidental – a Holanda acabava de descriminalizar o consumo de maconha e iniciava a abertura dos históricos *coffee shops* voltados para a venda livre do produto, inclusive para estrangeiros. O ocorrido tivera lugar em Florianópolis e dividira opiniões: o cantor Gilberto Gil e seu baterista Francisco Edmundo Azevedo tinham sido detidos em um hotel da cidade, durante a excursão do grupo Doces Bárbaros (Gil, Caetano, Bethânia e Gal Costa), consumindo maconha; depois de breve revista no quarto em que estavam, foram encontrados cerca de trinta cigarros de *Cannabis* entre os pertences do cantor. A *Folha de S.Paulo* comentou rapidamente a prisão no dia 8 de julho – o caso ocorrera no dia anterior –, colhendo a declaração do delegado responsável pela apreensão. O grupo, explicou a autoridade policial, estava sob

---

[16] "Dos azares do ofício". *Folha de S.Paulo*, 9/12/1973, p. 32.

vigilância desde a noite anterior, quando havia sido denunciado por consumo de "cigarros estranhos e comportamentos anormais", e que os dois músicos, ao serem capturados, "riam muito e pronunciavam palavras truncadas".[17] O jornal voltaria ao tema mais duas vezes naquele mês: a primeira, no dia 10, para detalhar a captura e explicar que o cantor, depois de laudo médico-psiquiátrico, seria transferido para um manicômio, para se tratar do vício – a toxicodependência de um artista era um problema de saúde pública, não de polícia; na segunda, do dia 16, em manchete de capa, para anunciar a condenação do cantor a um ano de reclusão (convertido em internação em clínica psiquiátrica) e multa de cinquenta salários-mínimos.

O caso, assim como o de Rita Lee, ocorrido em agosto daquele mesmo ano e com desfecho semelhante[18] – porte de maconha e condenação a um ano de reclusão, convertida em prisão domiciliar –, indicava a tolerância diminuta das autoridades para com o vício juvenil – importado e, talvez, até mesmo subversivo, como se dizia – de consumir *Cannabis*. Se deveriam servir de advertência aos jovens e desmotivar o pernicioso consumo do outrora "veneno verde", os castigos, no entanto,

---

[17] "Polícia catarinense prende Gilberto Gil". *Folha de S.Paulo*, 8/7/1976, p. 39.

[18] "Rita Lee e mais três do conjunto presos". *Diário Popular*, 25/8/1976. "Na Divisão de Entorpecentes do Deic, foram autuados ontem à tarde, em flagrante delito, por uso, porte e tráfico de tóxico, a cantora de rock Rita Lee Jones (26 anos, desquitada, rua Pelotas, Vila Mariana), suas duas auxiliares Mônica de Melo Lisboa (38 anos), mais conhecida por Matraca, e July Spencer (29 anos), que tem o cognome de Jararaca, assim como Antônio Carlos Fernandes da Conceição (22 anos), o Barba. Antônio Carlos é divulgador do conjunto musical Tutti Frutti, de Rita Lee."

não cumpriram inteiramente o seu papel. Ao contrário, suscitaram críticas de artistas e intelectuais – Caetano Veloso, meses mais tarde, era até mesmo elogiado pela *Folha de S.Paulo* por ter aproveitado o desagradável ocorrido para propor "uma discussão madura sobre o problema das drogas no país" –,[19] deram enorme visibilidade para a "moda da maconha" e trouxeram à tona uma inesperada e incomodativa tolerância da opinião pública para com o canabismo. Como exemplo, a revista *Manchete*, em edição de 24 de julho de 1976, trazia, sobre a prisão de Gil, uma opinião no mínimo curiosa, dada por Esperidião Amin, então prefeito de Florianópolis: "Se fizermos uma pesquisa, vamos chegar à conclusão de que 80% dos habitantes da cidade não receberam muito bem a prisão do cantor". Os restantes 20%, ironiza Amin, "não tomaram conhecimento ou não vão querer dar sua opinião". Mais adiante, o delegado envolvido na captura declarava, com um tom de quase naturalidade, que "sabia de muita gente famosa, dentro e fora do estado", que incorrera no mesmo crime. Ainda na mesma matéria, o juiz do caso, de modo simpático, declarava que ficara muito sensibilizado "com a humildade do cantor", que, quando se apresentou para prestar depoimento, reconheceu a sua transgressão e admitiu, "publicamente, o erro praticado. Não só isso, como o vício de fumar maconha".[20]

---

[19] "Aberta mais uma temporada de caça aos baianos". *Folha de S.Paulo*, 20/7/1977, p. 35.
[20] Batista, Tarlis. "Gilberto Gil: 'Eu não sabia que era crime fumar maconha'", p. 25.

Ora, pode-se sem dúvida advogar que o cantor era uma personagem conhecida e que as seções policiais dos jornais e revistas estavam repletas de notícias sobre a prisão de usuários e traficantes pobres, que certamente não contavam com a simpatia do delegado, a solidariedade do prefeito, o apoio da opinião pública e, menos ainda, com a possibilidade de verem suas penas convertidas em tratamento médico e prisão domiciliar. Para estes remanescentes do antigo diambismo, que somente existiam nos arquivos da polícia e nas reportagens policiais, o caráter estrangeiro da prática e a sua eventual tolerância não se colocava. As duas linhagens iriam se encontrar somente na década de 1980, quando partidários de uma maior tolerância com o uso da *Cannabis* e mesmo da legalização do seu cultivo e consumo lançaram mão das origens negras e populares da diamba com propósitos inversos aos dos psiquiatras do início do século.

Naquele momento, metade da década de 1970, ainda sob o governo militar, a tolerância possível limitava-se àquele canabismo importado dos países desenvolvidos, àquele praticado por jovens cabeludos, com calças boca de sino, por artistas e intelectuais, alguns deles, dizia o senso comum da época, simpáticos ao comunismo e a outras excentricidades que vinham de além-mar – um amontoado de comportamentos (sexo livre, comunidades hippies, roupas e cabelos então tidos como espalhafatosos, afronta às hierarquias sociais estabelecidas, conflito com os valores paternos etc.), por vezes agrupado sob o rótulo "vida alternativa".

Era a eles que se destinavam as dezenas de matérias veiculadas na mídia da época – a maioria delas traduções de reportagens saídas no exterior ou breves sínteses de pesquisas e matérias também vindas do hemisfério norte, sobretudo dos Estados Unidos – insinuando discretamente que talvez a maconha não tivesse consequências sanitárias e sociais tão deletérias como havia décadas se apregoava. Por vezes, chegava-se até a aplacar o desespero dos pais, informando que pesquisas norte-americanas recentes concluíram que alunos colegiais usuários de maconha não eram os que tinham os piores desempenhos escolares, ou que estudiosos europeus da área da saúde minimizavam a dependência causada pela *Cannabis* ou, ainda, que não havia evidências científicas de que seu consumo levasse necessariamente a ações violentas ou mesmo a problemas mentais graves. Aplacava-se, do mesmo modo, a inquietação dos cidadãos de bem e das autoridades, salientando que a epidemia de *Cannabis* que se vivia não era peculiaridade local e que, diante do crescente e global avanço do vício, havia países que investiam pesado no combate ao tráfico e ao consumo da erva, e outros que começavam a adotar políticas mais tolerantes, ao menos em relação aos consumidores.

À medida que se aproxima a década de 1980, a causa da maconha ganha um aliado inusitado: a cocaína. A adoção crescente dessa droga pelas pessoas abastadas, o tráfico internacional e a criminalidade graúda que ela envolve – que movimentava globalmente capitais volumosos –, sem falar em seu potencial viciante e, acima de tudo, na capacidade destrutiva que lhe era atribuída, transformaram-na em um inimigo social mais perigoso que a *Cannabis*, que começava a perder seus encantos, ao menos em certos meios sociais. Em outubro de 1977, não por acaso, a revista *Veja*, em matéria intitulada "A ascensão da cocaína", advertia seus leitores de que, até aquele momento, a maconha reinava "absoluta na lista das drogas mais consumidas" e ainda predominava nas "camadas mais jovens da classe média e nas classes mais pobres da sociedade". Mas que "logo a seguir, crescendo de forma avassaladora", vinha a "mania do pó".[21] É verdade que começou a se cristalizar, então, a ideia, ainda hoje muito popular, de que a maconha atua como uma espécie de porta de entrada do toxicodependente ao universo das drogas; todavia, não obstante a suspeita, as cores lúgubres e o tom alarmante com que se pintava a "epidemia do pó" ajudaram a suavizar as cores do canabismo.

O clima adverso em relação à maconha começava, lenta e discretamente, a se alterar, também em decorrência da redemocratização do país; afinal, tratava-se de um vício, desde a metade de 1960, curiosamente conectado à "subversão política e moral", como então se dizia. Os índices de tal mudança começaram na imprensa, por certo, mas rapidamente os participantes do debate se multiplicaram, os veículos de discussão variaram – aos jornais e revistas vieram somar-se as publicações científicas, os livros autorais e coletivos,

---

21 "A ascensão da cocaína". *Veja*, 7/9/1977, p. 32.

as coletâneas resultantes de encontros e congressos etc. –, os defensores mais ou menos explícitos do uso recreativo da *Cannabis* começaram a ter voz e os argumentos favoráveis e contrários ao seu uso alteraram-se substantivamente. Inaugurava-se, depois do diambismo criado pelos psiquiatras e do maconhismo hippie da mídia, um canabismo mais plural, construído pelas vozes mais variadas, inclusive por aquelas interessadas em dotar a *Cannabis*, o canabismo e o canabista de uma imagem socialmente positiva ou, no mínimo, aceitável.

Um excelente ponto de partida para se conhecer tal deslocamento é o posfácio que escreveu, em 1986, o médico, farmacêutico e então deputado José Elias Murad – um anticanabista ferrenho que gastou muita tinta e bastante tempo escrevendo contra o consumo da droga no Brasil – para a versão brasileira do livro norte-americano *A maconha ou a vida*. Murad, no seu ilustrativo posfácio, recorda ao leitor que, na década de 1970, a maconha era a segunda droga mais utilizada por jovens, atrás somente das anfetaminas; todavia, na década de 1980, "a coisa começou a mudar de figura e a maconha passou a ocupar, folgadamente, o primeiro lugar entre as drogas utilizadas pelos usuários brasileiros".[22] Em seguida, retoma a tese da macaqueação do estrangeiro, atribuindo a moda da maconha à mania local de imitar o que se passa nos países desenvolvidos: "Imitação muito mais em relação às coisas más do

---

22 Murad, José Elias. "Posfácio. A maconha no Brasil: ontem e hoje", p. 275.

que às boas".²³ O clímax de sua argumentação, porém, encontra-se na crítica que promove àqueles que denomina "liberais avançados", intelectuais que, "após a abertura política realizada em nosso país e, particularmente, após o advento da Nova República, começaram a dar sinais sobre a possibilidade da liberação da maconha no Brasil".²⁴

Murad acusa esses liberais avançados de querer, por meio de uma "propaganda quase nazista", convencer a sociedade de um absurdo: a "pretensa inocuidade da maconha, quando não de suas propaladas virtudes".²⁵ Acusa-os, também, invertendo uma tese característica dos anos 1970 – a de que o uso da *Cannabis* levava à subversão e ao questionamento das hierarquias sociais –, de quererem "alienar o povo, particularmente a juventude", pois, segundo o incisivo médico-deputado, "uma juventude alienada pela droga, sem estímulos ou motivações, é uma mocidade que não perturba, não contesta, não combate, não luta, não reivindica nada".²⁶ O mais preocupante de toda essa situação, avalia Murad, é que havia indícios de que a sociedade brasileira se tornava mais e mais porosa a esses apelos pela legalização da *Cannabis*, a ponto de já serem publicados livros e se organizarem encontros de intelectuais e jovens para debaterem seu uso, muitos dos quais – livros e eventos – "pregando clara e abertamente a

23   Idem, p. 277.
24   Idem, ibidem.
25   Idem, p. 278.
26   Idem, p. 281.

legalização ou a liberação da maconha".[27] Mas quem eram e o que argumentavam, afinal, esses jovens e intelectuais avançados, que, para o zeloso Murad, iam ao extremo de advogar algo como "plantar maconha no quintal de casa e mobilizar a opinião pública em prol da liberalização do consumo da erva" ou de apregoar que a maconha "funcionava como afrodisíaco", não era tóxica, não causava dependência e não implicava no baixo rendimento escolar do usuário?[28]

Em 1980, o médico naturopata Márcio Bontempo lançava seu livro *Estudos atuais sobre os efeitos da* Cannabis sativa *(maconha)*, cujo objetivo era trazer alguns esclarecimentos, à luz dos "conhecimentos científicos mais modernos", sobre os impactos físicos e as sequelas psíquicas, sociais, econômicas e políticas do consumo, "amplamente generalizado no mundo", da polêmica planta.[29] O livro, pequeno e de intenções modestas, que não queria de modo algum "estimular o uso ou o tráfico da *Cannabis*",[30] não somente era o primeiro, em quase três décadas, inteiramente dedicado ao problema da maconha, como ainda trazia uma visão, se não inteiramente simpática – os tempos ainda não eram para isso na ótica do respeitável médico –, ao menos tolerante em relação à droga. Bontempo, sempre apelando ao mito da neutralidade do discurso científico – que se prestou, desde o início do século XX,

27 Idem, p. 300.
28 Idem, p. 293.
29 Bontempo, Márcio. *Estudos atuais sobre os efeitos da* Cannabis sativa *(maconha)*, p. 5.
30 Idem, ibidem.

a legitimar argumentos favoráveis e contrários ao uso da *Cannabis* –, advoga, entre outros pontos, que não existe evidência de que "quaisquer das alterações da personalidade provocadas pelo uso da *Cannabis* sejam devidas a lesões cerebrais orgânicas"; que seu uso não gerava comportamentos criminosos e agressivos, que tal ideia era antes um "tabu criado pela sociedade do que uma verdade científica"; ou, ainda, que o propagado mito de que o ato sexual, sob efeito da *Cannabis*, produzia um "prazer inigualável" não contava com nenhum respaldo nas pesquisas médicas.[31]

Em 1981, o também médico Elisaldo Carlini publica um pequeno artigo intitulado "Maconha (*Cannabis sativa*): mito e realidade, fatos e fantasias", ao longo do qual destaca que, desde os idos de 1964, "mais de 2 mil trabalhos científicos sobre química, farmacologia, metabolismo e efeitos clínicos de D9-THC foram publicados",[32] que várias dezenas de novas substâncias foram identificadas na planta e que, seguramente, a *Cannabis* não possuía efeitos alucinogênicos, "mas parecia dotada de ações terapêuticas". Carlini destacava também que, em países como os Estados Unidos e o Canadá, "pairava uma grande celeuma sobre a descriminalização da maconha".[33] Mesmo assim, não nos enganemos: o médico não era nem de longe um entusiasta do uso recreativo da maconha; ao contrário, seus

---

[31] Idem, p. 53.
[32] Carlini, Elisaldo Araújo. "Maconha (*Cannabis sativa*): mito e realidade, fatos e fantasias", p. 72.
[33] Idem, ibidem.

elogios são às possibilidades terapêuticas da planta, o que já não era pouco; quanto ao seu uso recreativo, a sua perspectiva era outra: Carlini, retomando a seu modo as cantadas ligações entre *Cannabis*, política e alienação, adverte que, "nos sistemas ou regimes de governo onde o jovem é marginalizado e colocado na posição de um robô alienado, [...] ele se atira às drogas como uma fuga fácil a sua frustração, como forma ingênua e ineficiente de protesto".[34]

No fim dos anos 1970 e início dos anos 1980, pelo menos dois outros acontecimentos justificavam mais diretamente os temores expressos pelo anticanabista Murad. Em junho de 1979, o juiz carioca Álvaro Mayrink da Costa absolveu um menor detido por porte da droga alegando que a maconha fazia "parte dos usos e costumes da sociedade" de então: "Oitenta por cento dos jovens entre 19 e 23 anos já a experimentaram. Considerar como crime esta prática atenta contra os direitos humanos e as garantias individuais. É uma herança nefasta do Estado totalitário".[35] Meses mais tarde, em junho de 1980, cerca de 350 pessoas se reuniram na Faculdade de Filosofia da Universidade de São Paulo (USP) para debater a descriminalização da maconha. Discursaram, então, entre outros, o psiquiatra e deputado João Baptista Breda – que, com o citado Mayrink da Costa, elaboraria pouco depois um projeto de lei pela descriminalização da *Cannabis* que não prosperaria –, o

---

[34] Idem, p. 84.
[35] Pessoa Júnior, Osvaldo. "A liberação da maconha no Brasil", p. 153.

músico Jorge Mautner, o poeta Jamil Almansur Haddad e um estudante de nome José Sadec; o médico Márcio Bontempo e o jornalista Fausto Macedo, convidados para o evento, não compareceram – "as duas pessoas que imaginamos que defenderiam a posição contra a liberação se desinteressaram ao saber que a liberação seria discutida".[36]

Os argumentos que aí circularam de modo bastante confuso não eram originais, nem mesmo recentes; ao contrário, eram velhos conhecidos de países como Estados Unidos, Holanda, Inglaterra, França e tantos outros, desde pelo menos a metade da década de 1960. Por aqui, no entanto, tiveram vida longa na boca dos ativistas em prol da maconha, adentrando, naqueles meios mais nostálgicos da tal vida alternativa dos anos 1960, o século XXI. Um dos argumentos, o mais ostensivo e francamente ligado à herança hippie – saído das experiências lisérgicas do controverso neurocientista Timothy Leary –, é aquele que promovia uma releitura do culto literário do haxixe (das drogas em geral) iniciado no século XIX. Dizia-se, nessa linha, tal como em certos círculos literários europeus do Oitocentos, que a *Cannabis* abria canais novos e inusitados da percepção humana e que, por isso – e eis talvez o ingrediente ligeiramente novo que os anos 1960 acrescentavam à linhagem –, o uso da erva levava à contestação do *status quo*, dos valores tradicionais da sociedade burguesa.

---

36 Universidade de São Paulo. "Debate: descriminalização da maconha", fl. 3.

Entre os ativistas brasileiros dos anos 1980, havia quem levasse muito a sério esse potencial mítico e libertador da maconha, como o palestrante Jorge Mautner, que, na sua intervenção no debate da USP, afirmou "que a questão da maconha era uma questão crucial de civilização, uma experiência do ser humano com a química e com a atitude do mundo moderno, talvez o admirável mundo novo".[37] O cantor foi mais longe, e, em um arroubo pacifista com ares filosóficos, bem ao gosto das audiências jovens de outrora, sentenciou: "O que eu queria dizer sobre a maconha, é que ela serviria para serenar os atritos, o ódio que anda por aí, o acirramento dos conflitos inúteis e neuróticos, suicidas e homicidas, de ideologiasególatras!". Mais adiante, no mesmo tom, Mautner arremata: "O principal fator da maconha, a meu ver, é que ela reduz o ego agressivo, e qualquer agressividade militarista".[38]

Um pouco mais claro, mas igualmente devedor da crença nas propriedades subversivas do canabismo e na conspiração do poder dominante para que os dominados não descobrissem a "erva libertadora" foi o poeta Jamil Haddad, que não cansou de repetir ideias como "a droga libera a personalidade, essa liberação da personalidade em termos políticos leva ao anarquismo, enquanto o sistema, que tem outra visão da coisa, que é uma visão nazista, quer controlar a personalidade".[39]

---

[37] Idem, fl. 5.
[38] Idem, ibidem.
[39] Idem, fl. 6.

Grandes esperanças depositavam Mautner e Haddad na *Cannabis* e no canabismo, talvez proporcionais e correspondentes aos medos que a erva e o seu consumo despertavam em conservadores como Murad; todos, cada um a seu modo, crentes nos propagados e desmedidos "poderes da maconha". Tal crença esvaziou-se crescentemente ao longo das décadas seguintes, persistindo somente naqueles meios mais juvenis ou mais marcadamente anacrônicos. A chusma de especialistas e ativistas querendo discutir o lugar social da *Cannabis* – seus usos recreativos e médicos e sua possível liberação ou descriminalização – optou por outros caminhos, retirando da outrora erva maldita tanto seus poderes libertadores como antissociais e investindo em aspectos mais objetivos e pragmáticos da discussão: nas incontáveis pesquisas médicas e químicas interessadas em avaliar as potencialidades curativas ou tóxicas da *Cannabis*; nas análises dos seus impactos sobre o indivíduo e sobre a ordem social quando comparados aos de outras drogas (legais e ilegais); no balanço dos gastos com seu combate e dos ganhos com sua eventual liberação; na mensuração do custo do seu uso para os sistemas públicos de saúde; na proposição de mecanismos possíveis para diminuir os vínculos entre o usuário e a criminalidade decorrente do tráfico, sem estimular o consumo etc. Isso tudo, no entanto, somente viria à tona mais tarde. Àquela altura, nos anos 1980, os argumentos, pró e contra, ainda eram outros, muito mais próximos daqueles que circularam, sobretudo pelos Estados Unidos e por países da Europa ocidental, na boca da denominada *new left*, ao longo das décadas de 1960 e 1970.

Uma fértil linha argumentativa originada de tal caldo – ainda ausente no debate uspiano mas que logo se faria presente no Brasil – adaptar-se-ia bem à sociedade brasileira e teria larga aceitação e lastro por aqui, adentrando também pelo século XXI: aquela que se propôs a resgatar as origens populares da *Cannabis* – no Brasil, as suas cantadas origens africanas e escravas – e conectá-las a uma espécie de luta dos grupos oprimidos – as tais *minorias*, nascidas das denominadas "teorias da diferença" que proliferavam, desde a década de 1970 e 1980, em especial na França e nos Estados Unidos – contra a ordem burguesa universalista, branca, falocrática, eurocêntrica etc. Estamos aqui ligeiramente distantes do velho pensamento de esquerda, aquele herdeiro da moral higienista do tempo de Marx, que se dirigia ao trabalhador sem vícios, consciente de si mesmo e de seu lugar social. Tal posição – essa sim – está exemplarmente representada no debate de 1980 na USP pelas intervenções de um participante anônimo, proveniente da agremiação de esquerda Libelu (Liberdade e Luta), denominado "Bicho". As suas reiteradas falas no debate são lapidares e poderiam estar na boca de um médico higienista do século XIX. Disse o rapaz, em uma de suas intervenções: "Eu acho que o fenômeno da maconha é bastante complicado, [...] que a maconha não é um elemento de liberação ou algo assim, acho que o homem tem potencialidade para conseguir ir muito além do que a gente vai hoje". Bicho prossegue recorrendo ao psicanalista Wilhelm Reich, ao "prazer genuíno", desalienado, liberto das amarras capitalistas, contrário, pois, ao proporcionado pela maconha, instrumento utilizado pela burguesia para "alienar o jovem da realidade" – da realidade revolucionária, bem entendido.[40]

Mesmo para o seu tempo e para o lugar onde pronunciava o seu discurso – o ambiente universitário das humanidades –, os argumentos de Bicho soavam anacrônicos. A esquerda que se queria renovada, uma esquerda cultural, já distante do proletariado higienizado de Marx e mais atenta à importância das mudanças comportamentais e ao papel das tais minorias nas sociedades de seu tempo, estará mais bem representada em duas coletâneas de ensaios, publicadas em 1983 e 1986 respectivamente. A primeira, *Maconha em debate*, é resultado de um encontro ocorrido no Rio de Janeiro que reuniu filósofos, sociólogos, educadores, médicos e juristas. A intenção do encontro era clara: "Tirar o debate das salas fechadas dos institutos médicos e das entidades jurídicas, enfocar o tema amplamente, sem nos restringir a considerações de fundo científico".[41] As posições aí defendidas afastavam-se tanto da neutralidade e do cantado "bom senso científico" de Bontempo e Carlini, quanto do romântico misticismo hippie visto no pioneiro encontro da USP. A *Cannabis*, o canabismo e o canabista ganharam lastro sociológico.

---

[40] Idem, fl. 8.
[41] Maciel, Luiz Carlos; Centro de Debates Maria Sabina (orgs.). *Maconha em debate*, p. 7.

A erva vinculou-se mais uma vez às "classes menos favorecidas", agora não mais para reforçar seu caráter bárbaro, rústico e marginal ou reafirmar a necessidade de reprimir seu consumo. Ao contrário, a maconha – argumentavam os debatedores – realmente tinha raízes populares e negras. Tal ligação, no entanto, reforçava que a aversão ao canabismo era um preconceito de classe, que aparecia sob o disfarce de proibição médica ou estatísticas criminais. A desmedida reação moral à maconha, explicou um debatedor, foi durante muito tempo uma reação característica da classe média brasileira: "A maconha era estigmatizada geralmente pelos grupos em mobilidade social ascendente, para os quais vinha constituir certamente um estigma de seleção social".[42] Liberar ou não a maconha, tolerar ou não o maconheiro, não era, pois, uma questão médica ou jurídica, mas um problema social estritamente vinculado ao secular processo de exclusão social que caracterizaria a sociedade brasileira. O raciocínio é mais ou menos o seguinte: a maconha é um derivativo com raízes populares e vem sendo há séculos reprimida justamente por esses vínculos, tudo o mais são argumentos falaciosos, ideológicos. Lutar, pois, pela liberação da maconha seria lutar pela cidadania, lutar pelos direitos das classes menos abastadas ao seu lazer tradicional, pelo direito à expressão de valores e comportamentos diferentes daqueles dos grupos dominantes; como exemplarmente argumentou o jurista Álvaro Mayrink da Costa, as

---

42 Misse, Michel. "Sociologia e criminalização", p. 58.

classes pobres, em razão do preço e de suas tradições, são as grandes consumidoras da maconha. Além disso, explicou Costa, a erva traz o "ranço da desqualificação social. A maconha historicamente é desqualificante e a cocaína proporciona *status* ao seu usuário".[43] Daí o advogado Oswaldo Júnior, em intervenção intitulada "A luta pela descriminalização", concluir que, "aqui, no Brasil, a luta pela tolerância ou pela descriminalização é basicamente ideológica. Temos que mobilizar a opinião pública".[44]

Os vínculos sociais da *Cannabis* com os estratos pobres da população, especialmente com a sua parcela descendente de africanos, também constituíram o eixo de outro importante livro, *Diamba Sarabamba: coletânea de textos brasileiros sobre a maconha*, organizado por Anthony Henman e Osvaldo Pessoa Júnior e publicado em 1986. Dividido em duas partes (o discurso médico e os argumentos libertários), o livro teve um enorme impacto entre os ativistas da liberação da *Cannabis*. Como sugere o título, a obra centra-se em uma retomada da conexão do hábito de consumir a *Cannabis* com a sua suposta origem negra, conexão agora construída de um ponto de vista positivo e, em tempos de valorização das "diferenças" e das minorias, um poderoso argumento a favor da legalização do seu plantio e consumo. "O seu uso, no dizer dos sociólogos, encontra-se profundamente arraigado nas camadas populares. Como, então,

---

[43] Costa, Álvaro Mayrink da. "Da necessidade de reformar as leis", p. 100.
[44] Oswaldo Júnior. "A luta pela descriminalização", p. 130.

explicar a total ausência de um debate político sobre a sua legalização, até recentemente? Será antidemocrático defender a sabedoria de um povo diambista?", pergunta um dos organizadores da obra.[45]

A coletânea, em seu empenho de dar ares de cidadania à diamba e ao diambista, promove, antes de tudo, uma crítica às campanhas contra a *Cannabis* – "tão distorcidas e desproporcionais a qualquer eventual perigo encerrado nessa planta" –,[46] responsáveis por espalhar a desinformação e fomentar o medo na população. Criticava-se, também, a divulgação propositalmente parcial e limitada das pesquisas médicas sobre a planta – muitas das quais omitiam suas amplas e comprovadas virtudes terapêuticas – e o alinhamento do Brasil com a política proibicionista norte-americana, a famosa "guerra às drogas".

O livro trazia, ainda, um dos mais poderosos e duradouros argumentos em favor da *Cannabis* e do canabismo produzidos no Brasil entre a década de 1980 e a década inicial do século XXI: aquele que defendia o caráter negro, tradicional e popular da diamba e do diambismo no Brasil. Os intelectuais e ativistas que colaboraram para a construção de tal perspectiva, que rapidamente se fez hegemônica entre os partidários da liberação do consumo da *Cannabis* por aqui, promoveram uma inversão curiosa da tradição anticanabista brasileira, utilizando aqueles mesmos dados coletados

---

[45] Henman, Anthony; Pessoa Júnior, Osvaldo (orgs.). *Diamba Sarabamba: coletânea de textos brasileiros sobre a maconha*, p. 7.
[46] Idem, p. 8.

pelos psiquiatras do início do século XX para desqualificar socialmente a maconha, demonstrar os perigos que um vício disseminado entre negros e pobres representava para a ordem social e, sobretudo, apontar a necessidade de reprimi-lo com rigor.

O tempo, sem dúvida, era radicalmente outro. Dizer que a maconha era um "elemento cultural trazido pelo negroides" ou que ela "atravessava a nossa história" e estava "profundamente arraigada nas camadas populares"[47] não constituía mais, como nos tempos das campanhas eugênicas, um modo de depreciar o usuário e condenar a planta; ao contrário, agora, em meio ao entusiasmo do processo de abertura política, tais falas punham a nu o aspecto racista e classista que sempre envolvera a perseguição ao secular hábito do diambismo no Brasil, perseguição característica da sociedade econômica e culturalmente excludente que aqui se formou e que começava a dar sinais de enfraquecimento com a Nova República. Tal vínculo prestava-se, também, a unir a luta pela legalização da maconha a outras lutas pontuais da época; à da valorização das raízes negras da cultura brasileira, sem dúvida, mas igualmente à luta pelos direitos das minorias raciais e culturais, dos economicamente desfavorecidos, dos defensores de uma medicina alternativa etc. Dito em outras palavras, a luta pela legalização da *Cannabis* era, aos olhos daqueles ativistas, "um exemplo minúsculo de movimento social, que se caracteriza por ser um confronto

---

[47] Mott, Luiz, op. cit., p. 124.

ideológico de costumes entre a juventude e uma sociedade conservadora, entre uma atitude antiautoritária e outra policialesca". O papel dos movimentos de jovens era, pois, o de aproveitar o ambiente tolerante criado pela defesa do canabismo e "acelerar esse e outros processos de direitos civis, desmascarando as estruturas de ilegalidade legal".[48]

Os anticanabistas, ainda que um pouco perplexos com o despudor daqueles que abertamente defendiam a maconha, seu cultivo e seu uso, não permaneceram impassíveis diante de tantos avanços. O seu foco, no entanto, também mudou. Ao longo das décadas de 1980 e 1990 prosperou, no Brasil, uma linhagem psicopedagógica do anticanabismo. O vício nessa época foi tratado como um problema decorrente da *criação inadequada* do jovem, de pequenas falhas no seu processo de socialização, que poderiam e deveriam ser corrigidas com o auxílio dos incontornáveis especialistas: os pedagogos, o orientador educacional, o psicólogo e, em casos mais extremos, o psiquiatra de confiança. O tom, no entanto, é ligeiramente menos alarmista que outrora; o canabismo é tratado quase como uma fase da vida do jovem contemporâneo, o mesmo jovem que, mais tarde, passada a rebeldia juvenil, com mais ou menos turbulência, será um estável pai de família. Daí, antes de tudo, a necessidade de dar orientações aos desorientados pais: explicar-lhes a importância de conversar com os filhos, ensinar-lhes a reconhecer o canabismo da sua

---

[48] Pessoa Júnior, Osvaldo, op. cit., p. 163.

cria desgarrada e instruir-lhes a trazer, sem pânico ou alarde, os mais renitentes de volta ao bom caminho.

O leque de opções é grande. Há, por exemplo, posições como a da "educadora, advogada e mãe" Maria Juana, autora de *Nós e a maconha*, publicado em 1986.[49] Seu opúsculo, de uma pieguice a toda prova, mas bastante ilustrativo das produções do gênero – educadores contra as drogas –, é destinado aos jovens e a seus pais. Maria Juana dirige a ambos "pérolas", tais como: "Fico aqui matutando: meu Deus, seria tão bom se eles [os jovens] pudessem contar com todos os adultos como aliados. Com as autoridades. Com os pais. Com o governo". No entanto, não era isso que costumava ocorrer: "Mas não. Esses estão sempre do outro lado. A condenar, a proibir, a pressionar. Sem procurar entendê-los e ajudar".[50] A advogada, uma mãe zelosa que culpa a "educação liberal" pelo consumo da *Cannabis* entre os jovens, julga que pouco podiam – os pais, os educadores e mesmo a polícia – fazer a respeito. Restava às almas preocupadas uma política de amor e tolerância, auxiliando o jovem no que fosse possível, "esclarecendo, dialogando, ajudando e nunca esquecendo que o amor significa muito nessa transação. Portanto, nada de broncas e nem de entrar numa de donos da verdade, porque isso não vai resolver nada".[51]

Antes da educadora e de seu apelo à tolerância e ao amor, o psiquiatra Mauro Weintraub, em 1983,

---

49 Maria Juana. *Nós e a maconha*, p. 104.
50 Idem, p. 19.
51 Idem, p. 104.

defendia, no seu *Sonhos e sombras: a realidade da maconha*, o diálogo geracional e a educação, ou melhor, a adequada formação intelectual e moral como os melhores meios para prevenir e combater o vício entre jovens. O psiquiatra, tal como Maria Juana, é cético em relação a políticas repressivas (judiciais e policiais): "O fracasso desse tipo de atuação não poderia ser mais bem ilustrado do que pelo constante aumento do número de pessoas que, ano a ano, passam a consumir alguma droga".[52] Tais medidas, segundo o psiquiatra, pareciam viáveis, ou melhor, aceitáveis, quando se acreditava que a maconha "era coisa de gente pobre, e a delegacia policial o local mais adequado para tratar do assunto". Agora, esclarece o psiquiatra, diante da disseminação da erva entre a juventude bem-nascida, o "único modo que parece viável para reverter a tendência [...] é uma radical mudança na ideologia educacional de nossa sociedade".[53]

Mais de meia década depois, o também psiquiatra e psicodramatista Içami Tiba, no seu didático *Saiba mais sobre maconha e jovens* (1989), reafirmava que "o uso de drogas não se combate por decretos, mas sim pela educação, pela prevenção, e que o diálogo é a oportunidade de tanto os pais quanto os filhos falarem dos seus pontos de vista e ouvirem os dos outros",[54] mostrando que o diálogo familiar e a educação preventiva ainda eram *hits* na boca dos anticanabistas brasileiros.

---

52 Weintraub, Mauro. *Sonhos e sombras: a realidade da maconha*, p. 7.
53 Idem, p. 15.
54 Tiba, Içami. *Saiba mais sobre maconha e jovens*, p. 82.

Uma família renovada, segundo Içami, aquela em que os membros dialogam, em que pai e mãe têm tempo para os filhos, em que o casal se mostra integrado e firme na educação de suas crias, "dificilmente fabrica um psicótico, ou um drogado". Os desarranjos familiares, porém, "fragilizam os egos das crianças, tornando-as vulneráveis aos vícios de qualquer origem".[55]

Por esse tempo, no entanto, nem todos os anticanabistas investiam tanto na compreensão, educação e prevenção. José Elias Murad, o Rodrigues Dória das décadas de 1980 e 1990, persistia na sua luta proibicionista contra os "liberais avançados", que propunham, segundo o seu olhar desconfiado, a "discriminalização como o primeiro passo para a legalização".[56] O médico-deputado, francamente hostil a qualquer política de tolerância – talvez um dos últimos representantes do gênero no Brasil com ampla aceitação social –, advogava que a "penalização ainda é a melhor maneira de coibir o indivíduo de cometer atos ilícitos e obrigá-lo a pautar a sua vida de acordo com as regras que a sociedade lhe impõe" e que os estragos que a *Cannabis* causava sobre o corpo humano (sobretudo o corpo jovem) e sobre o corpo social, como irrefutavelmente comprovavam as "últimas e mais completas pesquisas científicas", justificavam a proibição do seu consumo. Tais pesquisas, em síntese, explicava o doutor Murad, provavam que a "maconha afeta a capacidade de

---

[55] Idem, p. 90.
[56] Murad, José Elias. *Maconha: a toxicidade silenciosa*, p. 42.

funcionamento de tudo, desde a simples célula, até o indivíduo como um todo. [...] O fumante de maconha pode estar jogando roleta-russa genética com as futuras gerações". Mais adiante, em tom dramático, arrematava: "O dano celular provocado no fumante regular de maconha nos vários anos pode ser denominado: a erosão lenta da vida ou toxicidade silenciosa!".[57]

O anticanabismo combativo de Murad, do mesmo modo que as soluções psicopedagógicas de educadores e psiquiatras, encontrou sucessores até o século XXI, o mais conhecido deles, nos dias que correm, é sem dúvida o psiquiatra Ronaldo Ramos Laranjeira que, tal como o seu ilustre antecessor, ampara-se fortemente na legitimidade social do discurso científico para avançar restrições marcadamente morais – legítimas, por certo, mas morais – ao consumo e à descriminalização da maconha. Frequentam o seu discurso, do mesmo modo que o de seu antecessor, advertências sobre o preocupante aumento do número de usuários e dependentes da *Cannabis* (mais potente que a do passado), a tese (ainda que mitigada) da *Cannabis* como porta de entrada para outras drogas, a constante menção à falta de estudos sérios que comprovem as virtudes terapêuticas da planta, o combate à ideia de que a maconha seja uma droga leve e não viciante, o destaque ao caráter incerto e multicausal do vício entre jovens (todos estão sujeitos a ele) e, como não poderia deixar de ser, a denúncia de uma suposta maciça e mentirosa propaganda em prol

---

[57] Idem, p. 48.

da liberação do plantio e uso da erva, propaganda que esconde da sociedade o potencial destrutivo – cientificamente ainda não demonstrado (a secular falta de estudos conclusivos), mas empiricamente constatável – que tem a maconha sobre o usuário e, em longo prazo, sobre o meio que o abriga.[58]

Desde meados da década de 1990, no entanto, os discursos estritamente proibicionistas entraram em rápido declínio – saíram de moda – e o canabismo, se não passou a gozar de completa tolerância no país – inclusive jurídica, como em alguns países europeus e estados norte-americanos –, deixou de suscitar reações histéricas e alarmistas, salvo uma ou outra exceção, mas mesmo estas passaram a soar aos ouvidos do público como excessivas e mesmo caricaturais. Daí, por certo, a absoluta ineficácia das tais campanhas educativas antidrogas veiculadas pelos poderes públicos na mídia televisiva e impressa nas últimas décadas. Mais uma vez, e em curto espaço de tempo, a diamba e o diambismo ganhavam contornos sociais renovados, ligeiramente renovados, é verdade, mas, de qualquer modo, depurados tanto daqueles apelos míticos provenientes da cultura hippie como dos argumentos de matiz "eugenista" ou demasiadamente moralizantes que caracterizavam o discurso anticanabista de linhagens

---

[58] As ideias de Ronaldo Ramos Laranjeira acerca da maconha podem ser conhecidas em inúmeras entrevistas do psiquiatra espalhadas pela internet. Uma síntese breve, mas esclarecedora, de suas posições encontra-se em: Laranjeira, Ronaldo Ramos; Marques, Ana Cecilia Petta Roselli. "Maconha, o dom de iludir". *Folha de S.Paulo*, 22/7/2010.

como a dos médicos Rodrigues Dória, Murad e Laranjeira, por exemplo. Restaram, é verdade, como mencionado, setores juvenis – e não só – pró-*Cannabis* que ainda apelam aos tais poderes iluminadores e subversivos da erva, ou setores mais partidariamente engajados, que destacam os seus vínculos com as minorias e as ditas classes oprimidas. Esses argumentos, no entanto, do mesmo modo que aqueles mais sobressaltados e destemperados de certos setores anticanabistas, gradativamente têm deixado de ter expressão no debate global ou nacional pela descriminalização ou não da *Cannabis* e pela mudança do lugar social do canabista. Em larga medida, ambas as linhas argumentativas tornaram-se, cada uma a seu modo, um discurso identitário de grupo, discurso para consumo interno do próprio grupo: canabistas e simpatizantes dirigindo-se a outros tantos canabistas e simpatizantes; ou anticanabistas alarmistas escrevendo para anticanabistas alarmados. Ambas perderam a sua contundência social e viram subitamente seu espaço ser ocupado por aquelas aproximações da *Cannabis*, do canabismo e do canabista, designadas como "pragmáticas".

CANABISMO, UM HÁBITO ECONOMICAMENTE VIÁVEL

EM 1995, A REVISTA *VEJA*, em uma matéria intitulada "A estratégia número 2 contra a droga", constatava, em tom fatalista e levemente melancólico, que, "depois de muitos sacrifícios em dinheiro e em vidas, a política de reprimir as drogas pela força policial e judiciária" só tinha "fracassos a contabilizar". Todos os dados pareciam sugerir "a necessidade de mudar a estratégia de combate ao uso e ao tráfico de entorpecentes".[1] A matéria anunciava um sentimento que se alastrava rapidamente pela opinião pública mundial e, mais recentemente, pela brasileira: a de que a "guerra às drogas", lançada mundialmente por Richard Nixon e reforçada na década de 1980

---

1   "A estratégia número 2 contra a droga". *Veja*, 1º/2/1995, p. 80.

por Ronald Reagan, atingira o seu limite e que fortunas haviam sido despendidas com resultados pífios e mesmo negativos para as sociedades que se engajaram na inglória batalha – como a vertiginosa vinculação, decorrente da repressão sistemática ao tráfico ilegal, entre drogas, violência e crime. Para mais, a tolerância social com as drogas, sobretudo com a maconha, crescera enormemente no país.

Já estavam distantes aqueles dias em que a imagem de um jovem "maconheiro" gerava pânico nas famílias, alerta nas escolas e repúdio das autoridades; como explicava a matéria, os juristas ouvidos pela revista são unânimes em dizer que a "justiça condena aquilo que é reprovado pela sociedade" e que o consumo da maconha não era mais tão "recriminado pelas pessoas", o que estava levando os magistrados a serem razoavelmente tolerantes com os usuários.[2] Diante de tamanha tolerância, por um lado, e de não menor derrocada da política proibicionista, por outro, os "ventos mudaram" e, informa a reportagem, embora a "opinião pública ainda seja majoritariamente contra a legalização, armou-se um debate com vários países e personalidades inesperadas, pessoas de grande projeção, pularam para o outro lado da cerca".[3]

As "personalidades inesperadas, pessoas de grande projeção" que mudaram de lado e gradativamente levavam consigo largas parcelas da opinião pública

---

2 "Cada vez mais jovens". *Veja*, 26/7/2000, p. 120.
3 "A estratégia número 2 contra a droga", op. cit., p. 82.

partiam do que estava à vista de todos: a guerra contra as drogas estava perdida, e outra abordagem impunha-se. Não era somente o aumento dos gastos com o combate, sem a concomitante diminuição do consumo de drogas, que tornava a derrocada evidente. A tal guerra criara grandes circuitos internacionais para a droga, tornara o seu mercado mais e mais atrativo, transformara o tráfico em um negócio arriscado e extremamente violento, multiplicara exponencialmente a população carcerária de muitos países, ampliara a corrupção nos meios policiais e jurídicos e lançara o consumidor, o pequeno traficante e uma dezena de outros envolvidos direta ou indiretamente com a droga no famigerado "mundo do crime". A droga, em suma, não era em si uma ameaça para a sociedade, constatavam os agora partidários da descriminalização. A ameaça vinha da estreita convivência dos usuários, sobretudo os jovens, com o crime e da criação de "um submundo de marginais" ricos e poderosos que ameaçavam a estabilidade das instituições.

Tratando-se da *Cannabis*, que sentido havia – perguntavam autoridades, educadores, médicos, psicólogos, sociólogos etc. – em expor milhares de jovens à violência e ao crime para combater uma droga sabidamente com baixo poder viciante, de efeitos modestos sobre o comportamento do usuário e produtora de impactos físicos e sociais muito inferiores àqueles gerados por drogas legais, como o álcool e o tabaco? Talvez – e as experiências pelo mundo indicavam essa direção – a política mais adequada passasse não pelas campanhas irrealistas contra o canabista – que tantas piadas geravam entre os usuários –, mas pelo esforço de convencer a opinião pública "a não achar que a maconha é uma coisa diabólica",[4] como dizia o médico Elisaldo Carlini, e a rever as suas ideias cristalizadas acerca do maconheiro típico – o marginal ou o jovem rebelde, contestador. Não por acaso, com a chamada de capa "Maconha quase liberada", a mesma revista *Veja* explicava aos seus leitores que em 2000 não havia mais, como outrora, "uma figura que sintetize o maconheiro [...]. Existem cabeludos, carecas, atletas, sedentários, descolados, pobres, ricos, jovens e velhos fumando maconha". Além disso, prosseguia a reportagem intitulada "Cada vez mais jovens", "a droga é consumida livremente em lugares como praias, universidades e shows de rock".[5]

Paralela e intimamente ligada à melhora da reputação da maconha e à reconstrução da imagem social dos maconheiros – um grupo agora quase tão variado e descaracterizado quanto o dos consumidores de álcool ou de tabaco –, ganhou corpo nas últimas décadas a popularização, por meio da mídia impressa e televisiva, de estudos científicos – estudos em sua maioria estrangeiros, divulgados originalmente em revistas europeias e norte-americanas de grande prestígio (*Lancet, La Recherche, Nature, American Journal of Medicine, Science*, entre outras) ou em relatórios da Organização Mundial de Saúde (OMS) – que ora exaltavam as

---

4 Idem, p. 87.
5 "Cada vez mais jovens", op. cit., p. 117.

propriedades terapêuticas da *Cannabis*, ora mitigavam os seus impactos negativos sobre a psique e o físico dos canabistas. Desde o início do século XXI, são dezenas os documentários, livros e revistas dedicados a propagar essa visada cientificista da popular *Cannabis*. Há, por certo, nas centenas de imagens gravadas e páginas impressas sobre o tema, pesquisas e resultados para todos os gostos e dados científicos inconclusivos ou parcialmente conclusivos para sustentar os argumentos de matizes os mais diversos. Todavia, é notável a crescente predominância de informações positivas sobre a droga, informações que, de certo modo, legitimam e estimulam a sua aceitação social: são notícias sobre as suas inúmeras, muitas das quais ainda pouco exploradas, potencialidades terapêuticas, sobre o conforto que o seu consumo traz aos portadores de dores crônicas, sobre a sua capacidade de aliviar os incômodos de doenças e tratamentos demasiado invasivos, sobre os benefícios de seu consumo para aqueles indivíduos excessivamente ansiosos e até mesmo sobre seu importante papel no tratamento de viciados em drogas potencialmente mais destrutivas para o usuário e mais dispendiosas para o sistema público de saúde.

A revista *Superinteressante*, por exemplo, publicou pelo menos três longas reportagens com esse teor entre 1995 e 2015. Já na primeira delas, de 1995, lê-se: "A *Cannabis* não cura o câncer ou a aids. O que ela faz com eficiência é aliviar o sofrimento decorrente dessas doenças". Afirmava também que 70% dos cancerologistas norte-americanos entrevistados em uma abrangente pesquisa sobre o tema teriam declarado que "recomendariam o uso da erva natural se esta fosse legalizada. Quase metade (40%) disse que o aconselhava mesmo sendo ilegal".[6] A matéria destacava, ainda, o papel da erva no alívio dos sintomas gastrointestinais dos portadores de HIV e no combate à dor, sobretudo às dores crônicas; advertia, no entanto, que nem todos os doentes se adaptavam bem ao tratamento, pois "os acessos de riso, a moleza no corpo ou a boca seca" incomodavam muitos deles, e que a qualidade da maconha disponível – em razão da ilegalidade de seu comércio – não permitia que ela fosse usada como remédio. E assim arrematava: "O usuário ganha uma hipersensibilidade, mas perde a noção do tempo e tem falhas de memória" e, se consumir mais de quatro cigarros, pode ter "alucinações, provocar confusão mental, apatia e indolência".[7]

A segunda reportagem, de 1998, sob impacto de uma pesquisa da OMS intitulada "*Cannabis*: uma perspectiva de saúde e agenda de pesquisa", é mais cautelosa sobre as virtudes medicinais da maconha e incisiva quanto aos seus eventuais danos à saúde dos usuários. É verdade que a matéria não deixa de destacar que a pesquisa desmistificara uma série de lugares-comuns sobre a droga: "Não, a maconha não reduz o número de espermatozoides nos homens, não induz à violência nem tira a disposição para o trabalho e para o estudo".[8]

6   "Quando a maconha cura". *Superinteressante*, n. 8, 1995, p. 56.
7   Idem, p. 59.
8   "Por trás da cortina de fumaça". *Superinteressante*, n. 4, 1998, p. 39.

Mas destaca, também, que a dita pesquisa comprovara – ou estava próximo disso – que a maconha, se consumida com regularidade, dificultava "sutilmente" o desempenho de atividades intelectuais complexas, viciava, potencializava o consumo de outras drogas, alterava ligeiramente as funções motoras, afetava o aparelho respiratório e o equilíbrio hormonal do corpo, tinha impactos nocivos sobre o feto e, o que era mais preocupante, parecia indicar associações com a esquizofrenia – "as pesquisas revelam que a ligação existe".[9]

A última reportagem, de 2014, sugestivamente intitulada "Tarja verde", retornou ao tom simpático de 1995 e abriu salientando que a erva era uma espécie de nova penicilina: "Relativamente segura, barata e com diversas aplicações. Algumas têm eficiência comprovada por estudos clínicos, como no caso de dores crônicas, esclerose múltipla, anorexia e náusea causada por quimioterapia".[10] A lista de males que poderiam ser potencialmente combatidos pela *Cannabis*, contudo, não parava aí. Havia ainda indícios cientificamente consistentes, informava a revista, de que a erva tinha uma ação importante no combate efetivo a diferentes tipos de câncer e na redução das convulsões causadas pela epilepsia. Um entrevistado afirmou: "Há dois meses, minha filha tinha sessenta convulsões por semana, semana passada teve três; é uma coisa milagrosa".[11] O destaque das muitas virtudes medicinais da maconha,

---

9 Idem, p. 43.
10 "Tarja verde". *Superinteressante*, edição especial, 2014, p. 54.
11 Idem, p. 50.

no entanto, não parece ser o *leitmotiv* da matéria, que está muito mais interessada em pôr em cena os dramas daqueles indivíduos que querem, ou melhor, necessitam usufruir de alguns dos benefícios da *Cannabis* medicinal e são impedidos de ter acesso ao produto em razão da legislação proibicionista brasileira. Dois depoimentos ilustram muito bem o tom favorável à descriminalização que percorre a reportagem. O primeiro é do neurologista Eduardo Faveret, um profissional angustiado por não poder prescrever a *Cannabis* para pacientes com epilepsia: "Isso me causa certa angústia. Se fosse meu filho, não tenho dúvida de que já estaria no Colorado, onde o consumo da maconha foi legalizado". O outro, mais contundente, é de uma mãe que importa ilegalmente o extrato da planta para tratar as crises convulsivas da filha: "Nem me preocupei com a questão legal. Se tivesse que responder processo para controlar as crises da minha filha, responderia".[12] Em janeiro de 2015, o derivado da maconha canabidiol (CBD), utilizado para minorar crises convulsivas, foi retirado da lista de substâncias proibidas da Agência Nacional de Vigilância Sanitária (Anvisa), o que facilitou a sua importação.

Peça complementar e de grande importância nesta onda contemporânea de tolerância com o canabista e de simpatia pela descriminalização da *Cannabis* (medicinal e recreativa) são as centenas – quiçá os milhares – de sites, blogs e grupos de discussão que tomaram de

---

[12] Idem, p. 53.

assalto a rede mundial de computadores nas últimas décadas. Os conteúdos veiculados são variadíssimos e vão desde apologias juvenis aos poderes libertários e iluminadores da maconha, no velho estilo hippie, à venda de produtos relacionados ao plantio e consumo da *Cannabis*, passando por discussões sobre o estado das leis no país, por denúncias de arbitrariedades policiais cometidas sob o pretexto do "combate às drogas", pela divulgação de livros, ensaios, artigos científicos, debates e manifestações de rua favoráveis à descriminalização ou legalização da *Cannabis*, pelo compartilhamento de dados sobre a história do diambismo no país, pela exaltação dos vínculos entre a diamba, o diambismo e a cultura popular brasileira e por uma miríade de outros temas correlatos. Em linhas muito gerais, o que esses sites parecem trazer de singular e impactante para o debate sobre o canabismo – além, é claro, de potencializarem os antigos argumentos favoráveis à maconha e ampliarem o público simpático à causa canabista – é a defesa sistemática do plantio não comercial da maconha e a criação de uma verdadeira rede de troca de informações e produtos relacionados ao seu cultivo doméstico.

Articula-se nesses sites dedicados ao cultivo uma série de elementos indicativos do ponto em que se encontram as discussões sobre o canabismo no país. Mantidos, em geral, por consumidores mais e menos recentes da *Cannabis*, a maior parte deles compartilha da ideia de que o grande problema da maconha é o tráfico e investe pesadamente na sugestão de que o cultivo pessoal, é um mecanismo eficiente para promover o afastamento do consumidor em relação ao traficante e, consequentemente, de expurgar do mundo da *Cannabis* e do canabista o componente de violência que há pelo menos um século lhe é reiteradamente associado por seus detratores. Muitos deles estão afinados com as políticas de legalização – adotadas na Holanda e no Uruguai e nos estados do Colorado e de Washington (EUA) – e com as de descriminalização, assumidas por Portugal, Espanha, Itália, Suíça e Áustria. Também advogam que o cultivo promove melhorias na qualidade da erva consumida (menos agrotóxicos, menos impurezas etc.), diminuindo os riscos, melhor, "reduzindo os danos", como se costuma dizer, causados ao consumidor – danos inferiores, como é sistematicamente destacado, àqueles causados por derivativos legais e amplamente consumidos pela população.

Diante de tal quadro, que está longe de se restringir ao Brasil, não causa espanto que a Organização das Nações Unidas (ONU), em um pequeno relatório elaborado em 2014 pelo Escritório das Nações Unidas contra a Droga e o Crime, assevere que a descriminalização do consumo de drogas pode ser um modo eficaz de "descongestionar as prisões", dirigir recursos para o tratamento do usuário e ampliar os mecanismos de reabilitação. Toma a mesma direção um detalhado e gabaritado estudo publicado pela renomada London School of Economics (LSE), "Acabando com a guerra contra as drogas" (2014), realizado por pesquisadores do grupo Economia das Políticas sobre Drogas e que recebeu respaldo de cinco Prêmios Nobel de Economia (Kenneth Arrow, Vernon Smith, Thomas Schelling, Oliver Williamson e Christopher Pissarides), de presidentes de nações europeias e de outras importantes autoridades mundiais. O prefácio não deixa dúvidas sobre as conclusões do grupo:

> É hora de acabar com a guerra às drogas e redirecionar recursos maciçamente para políticas baseadas em evidências eficazes, sustentadas por análises econômicas rigorosas. A implementação de uma estratégia de guerra às drogas de ações globais, militarizada e conduzida por políticas de controle, tem produzido resultados negativos e enormes danos colaterais. Estes efeitos incluem a prisão em massa nos Estados Unidos, as políticas altamente repressivas da Ásia, a extensa corrupção e instabilidade política no Afeganistão e na África ocidental, uma imensa violência na América Latina, uma epidemia de infecção pelo HIV na Rússia, uma aguda escassez mundial de medicamentos para controlar a dor e a disseminação de abusos sistemáticos aos direitos humanos em todo o mundo.[13]

A situação, segundo os organizadores do estudo, requer uma nova estratégia mundial das drogas, "baseada em princípios de saúde pública, redução de danos, redução dos impactos gerados por mercados ilícitos e

---

13 London School of Economics (LSE). "The Expert Group on the Economics of Drug Policy", p. 2.

expansão do acesso a medicamentos essenciais".[14] A inusitada posição das Nações Unidas e o pormenorizado estudo econômico da LSE vêm na esteira de uma série de iniciativas mundiais desenvolvidas ao longo das últimas décadas, que criaram o sentimento de que a descriminalização das drogas no Ocidente, nomeadamente da *Cannabis* – a droga ilícita mais consumida no mundo, segundo balanço da ONU (2014) –, é uma questão de tempo, de pouco tempo.

É verdade que, no Brasil, a última mudança legislativa relativa às drogas é de agosto de 2006 e não aponta exatamente nessa direção. Trata-se da lei nº 11.343, que institui o Sistema Nacional de Políticas Públicas sobre Drogas (Sisnad) e prescreve medidas para a prevenção de seu uso indevido e para o tratamento e reinserção social dos usuários e dependentes. Malgrado a sua retórica humanista, educativa e supostamente tolerante com a celebrada diversidade cultural – bem ao gosto da década politicamente correta que se vivia –, a lei, bastante voltada para a prevenção da drogadição e para a repressão da produção não autorizada e do tráfico, reedita a desgastada abordagem médico-jurídica das drogas e de seus consumidores, ainda que aplique modelos de descriminalização para o usuário – as penas a eles prescritas se restringem à "advertência sobre os efeitos das drogas, prestação de serviços à comunidade e medida educativa de comparecimento a programa ou curso educativo" – e penas mais altas para as condutas identificadas como

---

14 Idem, ibidem.

tráfico. A letra da lei, contudo, não é um termômetro preciso do atual estado em que se encontram as discussões sobre a *Cannabis* e o canabismo no Brasil; elas são, no máximo, em razão da velocidade com que tradicionalmente absorvem as mudanças sociais, um indicativo daquilo que já se consolidou no senso comum. Um quadro mais fiel do ponto em que se encontra a situação é, sem dúvida, o documentário *Quebrando o tabu* (2011), dirigido por Fernando Grostein Andrade, que conta, entre os seus argumentistas e personagens centrais, com o presidente Fernando Henrique Cardoso (1995-2003).

O texto "Comissão Global sobre Drogas", veiculado no site do filme, demonstra que o ponto de partida de Andrade é o mesmo que a *Veja* anunciava havia quase duas décadas: "A Guerra às Drogas lançada pelos Estados Unidos há quarenta anos atrás fracassou. Políticas proibicionistas baseadas na erradicação, interdição e criminalização do consumo simplesmente não funcionaram". É a mesma, também, a percepção de que a guerra estava perdida desde o início – "estamos mais distantes que nunca do objetivo de erradicar as drogas" – e de que a sua teimosa e irrefletida persistência por quatro décadas tivera efeitos colaterais perversos e bem mais corrosivos para a sociedade do que o próprio consumo de drogas: "A violência e corrupção associadas ao tráfico de drogas e as políticas ineficazes de combate estão corroendo a cultura cívica e as instituições democráticas".[15]

---

15 Ver: Lançamento da comissão latino-americana sobre drogas e democracia, 2008.

Todavia, diferentemente dos tempos da reportagem veiculada pela *Veja* em 1995, as personalidade inesperadas, pessoas de grande projeção, que agora defendem a descriminalização das drogas, particularmente da *Cannabis*, têm rosto, nome e posições claras: são antigos presidentes (Fernando Henrique Cardoso, do Brasil; César Gaviria, da Colômbia; Ernesto Zedillo, do México; Bill Clinton e Jimmy Carter, dos Estados Unidos), ex-policiais, médicos, ativistas, autoridades de países com políticas liberais em relação à droga, intelectuais e uma gama variada de consumidores de drogas, enfim, personagens que, aos olhos da sociedade, nem de longe lembravam os tradicionais defensores da "*Cannabis* libertária" das décadas de 1960 a 1980, ou da "*Cannabis* de raízes populares e expressão dos oprimidos" da década de 1990. O discurso em prol da descriminalização tem também outros contornos e outro colorido. Em primeiro lugar, procura evitar o tom de pregação de grupo (canabistas falando para canabistas) e dirige-se a públicos amplos e variados, "os jovens, os pais, os professores, os médicos e a sociedade como um todo".

Em segundo lugar, não cai na armadilha de fazer apologia da maconha – por suas supostas virtudes libertárias ou raízes populares e minoritárias, nem mesmo por suas propriedades terapêuticas. Ao contrário, opta por uma estratégia de "esclarecimento": lançar uma discussão "que leve à diminuição do preconceito, ajude na prevenção ao uso de drogas e [...] dissemine informações com base científica sobre o tema". Em terceiro lugar, buscava-se humanizar o drogado – os usuários das denominadas drogas pesadas – e *vulgarizar* o canabista: a esmagadora maioria eram profissionais liberais, artistas, intelectuais, jovens escolares e universitários, operários, prestadores de serviços, em suma, gente de todas as cores, estratos econômicos e níveis culturais, gente comum, socialmente funcional e de vida prosaica. Por fim, o âncora do filme, o ex-presidente Fernando Henrique Cardoso, no seu périplo "em busca de experiências exitosas em vários lugares do mundo, sempre em diálogo com jovens locais e profissionais que se dedicam a tratar a questão das drogas de forma mais humana e eficaz do que as propostas na 'guerra às drogas'," em vez de dar destaque às supostas virtudes de um eventual consumo descriminalizado da *Cannabis*, empenha-se em apresentar a descriminalização das drogas, em paralelo com a adoção de uma série de medidas educativas e auxiliares – a política de "redução de danos" inclusive –, como a resposta mais racional que as sociedades ocidentais conseguiram encontrar para um problema que há milênios se apresenta para as civilizações – o do consumo de derivativos mais ou menos potentes. "Pensar em um mundo livre de drogas", pondera Fernando Henrique Cardoso, "é uma coisa utópica, não houve até hoje na história. Agora, é possível reduzir o dano que a droga causa às pessoas e à própria sociedade."

O filme *Quebrando o tabu* não é, bem entendido, uma peça discursiva excêntrica e singular que, súbita e deslocadamente, começou a circular no país graças a um antigo presidente liberal, simpático ao canabismo e bem relacionado. É, sim, uma excelente síntese da nova imagem social que se está construindo para a *Cannabis*, o canabismo e o canabista no Brasil e no mundo, imagem que está em via de se tornar hegemônica no senso comum do brasileiro e de se impor como norteadora das políticas públicas relativas à maconha no país. É certo que os discursos proibicionistas, aqueles que ainda preservam uma imagem monolítica do canabista – o marginal, o excêntrico ou o jovem com problemas de socialização – e um julgamento marcadamente moral e pouco pragmático do canabismo, marcam presença e ainda são hegemônicos em meio a larga parcela da população. Ao que tudo indica, no entanto, embora ainda conservem tal apelo para o brasileiro médio, tais discursos estão prestes a se tornar tão estranhos e excepcionais no Brasil atual quanto era em 1959 o discurso em prol da tolerância feito por Maynard, em *Medicina rústica*, tempo em que a diamba, o "ópio do pobre", tinha no país o apelido de "veneno verde". Para finalizar, segundo estudos econômicos publicados pela revista alemã *Der Spiegel*, "há um mercado potencial para a maconha (no mundo) que pode chegar a 110 bilhões de dólares, quatro vezes a receita gerada anualmente pela indústria do tabaco".[16] Dito em outras palavras, o canabismo, ao contrário do diambismo, parece ser um hábito – não mais um vício – economicamente viável.

---

[16] Seith, Anne. "America's Marijuana Revolution: Ganjapreneurs Hit the Jackpot".

REFERÊNCIAS BIBLIOGRÁFICAS

"A ascensão da cocaína". *Veja*, São Paulo, 7/9/1977.
"A estratégia número 2 contra a droga". *Veja*, São Paulo, 1º/2/1995.
"A perigosa moda dos tóxicos". *Veja*, São Paulo, 1º/4/1970.
ABEL, Ernest L. *Marijuana: The First Twelve Thousand Years*. Nova York: Plenum Press, 1980.
"Aberta mais uma temporada de caça aos baianos". *Folha de S.Paulo*, São Paulo, 20/7/1977.
ADAMS, E. W. *Drug Addiction*. Londres: Oxford University Press, 1937.
ADRIAN. "Note sur le chanvre indien". *Journal de Pharmacie et de Chimie*, Paris, 5ª série, n. 24, 1891, pp. XXVII-XVIII, XXXI-XXXII.
ALCOTT, Louisa May. *Perilous Play*. Nova York: Frank Leslie's Chimney Corner, 1869.
ALDRICH, C. K. "The Effects of a Synthetic Marihuana-like Compound on Musical Talent as Measured by the Seashore Test". *Public Health Reports*, Washington, n. 59, 1944, pp. 431-3.
ALLENTUCK, S.; BOWMAN, K. M. "The Psychiatric Aspects of Marihuana Intoxication". *American Journal of Psychiatry*, Baltimore, n. 99, 1942, pp. 248-51.
ALLMAN, J. D. "*Cannabis indica*". *Medical Times*, Londres, n. 39, 1911, pp. 765-6.
AMARAL, Carlos Soulié do. "A fuga perigosa". *Realidade*, São Paulo, n. 51, 1970.
ANÔNIMO. "The Menace of Marihuana". *International Medical Digest*, Hagerstown, n. 31, 1937, pp. 183-7.
ANSLINGER, H. J. "The psychiatric aspects of Marihuana intoxication". *Journal of the American Medical Association*, Chicago, n. 121, 1943, pp. 212-3.

ANSLINGER, H. J.; COOPER, C. R. "Marihuana: Assassin of Youth". *American Magazine*, Nova York, v. 124, n. 18-9, 1937, pp. 150-3.

ANTONIL, André João. *Cultura e opulência do Brasil por suas drogas e minas*. Lisboa: Comissão Nacional para as Comemorações dos Descobrimentos Portugueses, 2001.

ARAÚJO, Alceu Maynard. "Escorço do folclore de uma comunidade". *Revista do Arquivo Municipal*, São Paulo, v. 18, n. 166-7, 1962, pp. 3-472.

_____. *Medicina rústica*. 2. ed. São Paulo/Brasília: Companhia Editora Nacional/Instituto Nacional do Livro, 1977.

ARAÚJO, Denílson Cardoso. *Assim caminha a insensatez: a maconha, suas marchas, contramarchas e marchas à ré*. Brasília: Usina de Letras, 2008.

ARNAO, Giancarlo. *A erva proibida*. São Paulo: Brasiliense, 1980.

ASSIS CINTRA, Francisco de. *Os escândalos de Carlota Joaquina*. Rio de Janeiro: Civilização Brasileira, 1934.

AUBERT, L. *De la peste, ou typhus d'Orient, documents et observations*. Paris: Libraire des sciences médicales, 1840.

BAKER-BATES, E. T. "A Case of *Cannabis indica* Intoxication". *Lancet*, Londres, n. 1, 1935, p. 811.

BARBERO CARNICERO, A.; FLORES MARCO, R. "Enfermedad del cáñamo (cannabism among persons working with hemp)". *Revista Clínica Española*, Madri, n. 13, 1944, pp. 395-9.

BARBOSA, Oscar. "O vício da diamba". In: *Maconha: coletânea de trabalhos brasileiros*. 2. ed. Rio de Janeiro: Serviço Nacional de Educação Sanitária, 1958.

BARD, L. "Algunas observaciones clínicas sobre la intoxicación crónica por la 'marihuana'". *La Prensa Médica Argentina*, Buenos Aires, n. 28, 1941, pp. 171-9. [ed. bras.: *Cultura Médica*, Rio de Janeiro, n. 2, 1941, pp. 635-46.]

BARROS, André; PERES, Marta. "Proibição da maconha no Brasil e suas raízes históricas escravocratas". *Revista Periferia*, Rio de Janeiro, v. 3, n. 2, 2011.

BASTOS, Francisco Inácio; GONÇALVES, Odair (orgs.). *Só socialmente: os fatores psicoativos nas relações humanas através dos tempos*. Rio de Janeiro: Relume-Dumará, 1992.

BATISTA, Tarlis. "Gilberto Gil: 'Eu não sabia que era crime fumar maconha'". *Manchete*, Rio de Janeiro, n. 1.266, 24/7/1976.

BAUDELAIRE, Charles. "Du vin et du hachich". *Messager de l'Assemblée*, Paris, 7-8-11-12/3/1851.

_____. *Os paraísos artificiais: o ópio e o poema do haxixe*. Porto Alegre: L&PM, 1982.

BECK, François. "Une Histoire des mesures des usages de drogues". *Courrier des Statistiques*, n. 127, 2009.

BENAVIDES, Hugo. *Drugs, Thugs, and Divas: Telenovelas and Narco-dramas in Latin America*. Austin: University of Texas Press, 2008.

BENJAMIN, Walter. "Haxixe em Marselha". In: *Imagens de pensamento e Sobre o haxixe e outras drogas*. Tradução de João Barrento. Belo Horizonte: Autêntica, 2013.

BERMANN, Gregorio. *Toxicomanias*. Buenos Aires: El Ateneo, 1926.

BICKNELL, R. C. "Some Effects of *Cannabis indica* in Large Dose". *Therapeutic Gazette*, Detroit, n. 22, 1898, pp. 13-5.

BOCCACCIO, G. *Decameron* (narrativa 8). Tradução de Maurício Santana Dias. São Paulo: Cosac Naify, 2013.

BONTEMPO, Márcio. *Estudos atuais sobre os efeitos da Cannabis sativa (maconha)*. São Paulo: Global, 1980.

BOON, Marcus. *The Road Excess: a History of Writers on Drugs*. Cambridge/Londres: Harvard University Press, 2002.

BOSE, R. D. "A Study of Sex in the Indian Hemp". *Agricultural Journal of India*, Calcutá, n. 25, 1930, pp. 495-507.

BOUQUET, J. "Le Cannabisme en Tunisie. I. Matière medicale du chanvre. Tome XIV". Túnis: Archives de l'Institut Pasteur de Tunis, 1925, pp. 404-21.

_____. "Contributions a l'etude de la *Cannabis*". *Archives de l'Institut Pasteur de Tunis* 26, sec. 2, 1937.

_____. "Nouvelles contributions a l'etude de la *Cannabis*". *Archives de l'Institut Pasteur de Tunis* 26, 1937, p. 288-317.

_____. "Toxicomanies orientales: hachich, chira et takrouri". *Vichy medical*, n. 8-9, 1937; n. 1, 1938.

_____. "Report to the Sub-Committee on *Cannabis*". In: *League of Nations document* O.C./Cannabis/3, 12/4/1939.

_____. "League of Nations Document O.C./Cannabis/14", 1939.

BRAGMAN, L. J. "A Minor de Quincey". *Medical Journal and Record*, Nova York, vol. 121, 1925, pp. 43-5.

BROMBERG, W. "The Effects of Marihuana". *Association for Research in Nervous and Mental Disease* 19 (The Inter-relationship of Mind and Body), Baltimore, 1938, pp. 180-9.

_____. "Marihuana Addiction". In: *Practitioners Library of Medicine and Surgery: 1940 Supplement*, vol. 1. Nova York: Appleton-Century, 1941, pp. 255-62.

BROMBERG, W; RODGERS, T. C. "Marihuana and Aggressive Crime". *American Journal of Psychiatry*, vol. 102, 1946, pp. 825-7.

BURGIERMAN, Denis Russo. *O fim da guerra: a maconha e a criação de um novo sistema para lidar com as drogas*. São Paulo: Leya, 2011.

BURTON, Richard. *The Anatomy of Melancholy: What It Is, with All The Kinds, Causes, Symptoms, Prognostics, and Several Cures of It. In Three Maine Partitions with Their Several Sections, Members, and Subsections. Philosophically, Medicinally, Historically, Opened and Cut Up*. Filadélfia: E. Claxton & Company, 1883.

_____. *Viagem do Rio de Janeiro a Morro Velho*. Tradução de David Jardim Júnior. Brasília: Senado Federal, 2001.

CABANES, J. "La mort de Baudelaire". *Chronique Medicale*, Paris, 1902, pp. 725-35.

"Cada vez mais jovens". *Veja*. São Paulo, 26/7/2000.

CADET, C. L. et alii. *Bulletin de pharmacie, numéro 1*. Paris: Chez D. Colas, Imprimeur-Libraire, 1809.

CALLEGARI, André Luís; WEDY, Miguel Tedesco. *Lei de drogas: aspectos polêmicos à luz da dogmática penal e da política criminal*. Porto Alegre: Livraria do Advogado, 2008.

CÂMARA, Manoel Arruda da. *Dissertação sobre as plantas do Brasil, que podem dar linhos próprios para muitos usos da sociedade, e suprir a falta do cânhamo*. Rio de Janeiro: Impressão Régia, 1810.

CARDOSO, Eleyson. "Diambismo ou maconhismo, vício assassino". In: *Maconha: coletânea de trabalhos brasileiros*. 2. ed. Rio de Janeiro: Serviço Nacional de Educação Sanitária, 1958.

CARLINI, Elisaldo Araújo. "Maconha (*Cannabis sativa*): mito e realidade, fatos e fantasias". *Medicina e Cultura*, São Paulo, n. 36, 1981, pp. 67-88.

CARLINI, E. A.; RODRIGUES, E.; GALDURÓZ, J. C. F (orgs.). *Cannabis sativa L. e substâncias canabinoides em medicina*. São Paulo: Cebrid, 2005.

CARNEIRO, Henrique. *Bebida, abstinência e temperança na história antiga e moderna*. São Paulo: Senac, 2010.

CARNEIRO, Henrique; DEL PRIORE, Mary. *Pequena enciclopédia da história das drogas e bebidas: histórias e curiosidades sobre as mais variadas drogas e bebidas*. Rio de Janeiro: Elsevier, 2005.

CASTAÑEDA, Carlos. *A erva do diabo: os ensinamentos de Dom Juan*. 24. ed. Rio de Janeiro: Record, 1995.

CÉSAR, N. "Os males da maconha". *Revista Médica de Pernambuco*, Recife, n. 15, 1945, pp. 221-8.

CHARDIN. *Voyages du Chevalier Chardin en Perse, et autres lieux de l'Orient*. Paris: Le Normant, Imprimeur-Libraire, 1811.

CHAREN, S. "Facts About Marihuana; a Survey of the Literature". *American Journal of Pharmacy*, Filadélfia, n. 117, 1945, pp. 422-30.

CHERNOVIZ, Pedro Luiz Napoleão. *Formulário e Guia Médico: contendo a descripção dos medicamentos, as doses, as doenças em que são empregados, as plantas medicinaes indígenas do Brazil, um compêndio alphabetico das águas mineraes, a escolha das melhores fórmulas, e muitíssimas indicações úteis*. 18. ed. Paris: R. Roger & F. Chernoviz, 1908.

CHOPRA, R. N. "Use of Hemp Drugs in India". *Indian Medical Gazette*, Calcutá, n. 75, 1940, pp. 356-67.

CHOPRA, R. N.; CHOPRA, G. S.; CHOPRA, I. C. "*Cannabis sativa* in Relation to Mental Diseases and Crime in India". *Indian Journal of Medical Research*, Calcutá, n. 30, 1942, pp. 155-71.

CIULLA, Luiz. "Intoxicados pela maconha em Porto Alegre". In: *Maconha: coletânea de trabalhos brasileiros*. 2. ed. Rio de Janeiro: Serviço Nacional de Educação Sanitária, 1958.

Código de Posturas da Ilustríssima Câmara Municipal. Rio de Janeiro: Emp. Typ. Dous de Dezembro, 1854.

COHEN, Sidney; STILLMAN, Richard C. *The Therapeutic Potential of Marihuana*. Nova York: Plenum Medical Book Company, 1976.

COMPANHIA DE JESUS. *Coleção de várias receitas e segredos particulares das principais boticas da nossa Companhia de Portugal, da Índia, de Macau e do Brasil, compostas e experimentadas pelos melhores médicos e boticários mais célebres que tem havido nessas partes. Aumentada com alguns índices de notícias muito curiosas e necessárias para a boa direção e acerto contra as enfermidades*. (Manuscrito). Roma: Archivum Romanum Societatis Iesu, 1766.

CONFERÊNCIA INTERNACIONAL DO ÓPIO. Genebra, Liga das Nações, 19/2/1925. Disponível em: https://treaties.un.org/. Acesso em: 20/11/2014. Também registrada em League of Nations, *Treaty Series*, v. 81, p. 319.

_____. *Records of the Second Opium Conference*. Geneva, November, 17th, 1924-February 19th, 1925. Volume 2: Meetings of the Committees and Sub-committees.

CONTRERAS, Ramón María Serrera. *Lino y cáñamo em Nueva España (1777-1800)*. Sevilha: Consejo Superior de Investigaciones Científicas, 1974.

CORDEIRO DE FARIAS, Roberval. "Campanha contra o uso da maconha no Norte do Brasil". *Arquivos de Higiene*, Rio de Janeiro, 1942, pp. 177-86.

_____. "Use of Maconha (*Cannabis sativa* L.) in Brazil". Report to United Nations Office on Drugs and Crime. *Bulletin on Narcotics*, 1955, pp. 5-19. Disponível em: www.unodc.org/unodc/en/data-and-analysis/bulletin/bulletin_1955-01-01_2_page003.html. Acesso em: 20/11/2014.

_____. "Prefácio (1. ed.)". In: *Maconha: coletânea de trabalhos brasileiros*. 2. ed. Rio de Janeiro: Serviço Nacional de Educação Sanitária, 1958.

_____. "Relatório apresentado aos Srs. Membros da Comissão Nacional de Fiscalização de Entorpecentes". In: *Maconha: coletânea de trabalhos brasileiros*. 2. ed. Rio de Janeiro: Serviço Nacional de Educação Sanitária, 1958.

_____. "Uso da maconha (*Cannabis sativa* L.) no Brasil". In: *Maconha: coletânea de trabalhos brasileiros*. 2. ed. Rio de Janeiro: Serviço Nacional de Educação Sanitária, 1958.

COSTA, Álvaro Mayrink da. "Da necessidade de reformar as leis". In: MACIEL, Luiz Carlos; CENTRO DE DEBATES MARIA SABINA (orgs.). *Maconha em debate*. São Paulo: Brasiliense, 1985.

COSTA, Antonio Maria (org.). *A Century of International Drug Control*. Nova York: United Nations Office on Drugs and Crime, 2009.

CRULS, Gastão. *A Amazônia que eu vi: Óbidos-Tumucumaque*. Rio de Janeiro: Annuario do Brasil, 1930.

DANA, K. *Hachich et ses intoxications en Iran*. Paris: M. Vigné, 1938.

DARDANNE, A. *Contribution à l'étude du chanvre indien et en particulier de son emploi comme drogue sensorielle dans l'Afrique du Nord*. (Thèse de pharmacie). Paris: Vigot frères, 1924.

DEAKIN, S. "Death from Taking Indian Hemp". *Indian Medical Gazette*, Calcutá, 1880, p. 71.

DEITCH, Robert. *Hemp: American History Revisited: the Plant with a Divided History*. Nova York: Algora, 2003.

DEODATO, Alberto. *Cannaviaes*. Rio de Janeiro: Annuario do Brasil, 1922.

D'ERLANGER, H. *The Last Plague of Egypt*. Londres: L. Dickson & Thompson, Ltd., 1936.

DESCHAMPS, A. *Ether, cocaine, hachich, peyotl et démence préco-ce; essai d'exploration pharmacodynamique du psychisme des dements precoces*. Paris: Éditions Véga, 1932.

DÓRIA, José Rodrigues da Costa. *Veneno e envenenamento*. Salvador: Officinas do Diário da Bahia, 1914.

_____. *Responsabilidade criminal: seus modificadores*. Bahia: Livraria Econômica, 1929.

_____. "Os fumadores de maconha, efeitos e males do vício. Memória apresentada ao Segundo Congresso Científico Pan-Americano, reunido em Washington D.C., a 27 de dezembro de 1915". In: *Maconha: coletânea de trabalhos brasileiros*. 2. ed. Rio de Janeiro: Serviço Nacional de Educação Sanitária, 1958.

"Dos azares do ofício". *Folha de S.Paulo*, São Paulo, 9/12/1973, p. 32.

DUQUÉNOIS, P. "Chemical and Physiological Identification of Indian Hemp". Report to United Nations Office on Drugs and Crime. *Bulletin on Narcotics*, 1950, pp. 30-3. Disponível em: www.unodc.org/unodc/en/data-and-analysis/bulletin/bulletin_1950-01-01_3_page005.html. Acesso em: 20/11/2014.

Encyclopédie ou Dictionnaire raisonné des sciences, des arts et des métiers, par une société de gens de lettres. Mis en ordre & publié par M. Diderot, de l'Académie Royale des Sciences & des Belles-Lettres de Pruffe; & quant à la Partie Mathématique, par M. D'Alembert, de l'Académie Royale des Sciences de Paris, de celle de Pruffe, & de la Société Royale de Londres. Paris: Briasson, David, Le Breton et Durand, 1751.

"Entorpecentes". *Folha de S.Paulo*, São Paulo, 9/5/1966, p. 4.

ESCOHOTADO, Antonio. *La cuestión del cáñamo: una propuesta constructiva sobre hacís e marihuana*. 2. ed. Barcelona: Anagrama, 1998.

_____. *Historia elemental de las drogas*. 5. ed. Barcelona: Anagrama, 2011.

FAZENDA, José Vieira. *Antiqualhas e memórias do Rio de Janeiro, Volume III*. Rio de Janeiro: Documenta Histórica, 2011.

FERNANDES, Albino Gonçalves. *Xangôs do Nordeste: investigações sobre os cultos negro-fetichistas do Recife*. Rio de Janeiro: Civilização Brasileira, 1937.

FLORES MARCO, R. "Diagnóstico y clasificación de la cannabosis en su aspect legal". *Revista Española de Tuberculosis*, Madri, n. 14, 1945, pp. 755-62.

FONSECA, Guido. "A maconha, a cocaína e o ópio em outros tempos". *Arquivos da Polícia Civil de São Paulo*, São Paulo, n. 34, 1980, pp. 133-45.

_____. *História da prostituição em São Paulo*. São Paulo: Resenha Universitária, 1982.

_____. *Crimes, criminosos e a criminalidade em São Paulo (1870--1950)*. São Paulo: Resenha Tributária, 1988.

FRANÇA, Jean Marcel Carvalho. *Visões do Rio de Janeiro colonial: antologia de textos (1531-1800)*. Rio de Janeiro: José Olympio, 2008.

_____. *Outras visões do Rio de Janeiro colonial: antologia de textos (1582-1808)*. 2. ed. Rio de Janeiro: José Olympio, 2013.

FREYRE, Gilberto. *Nordeste: aspectos da influência da cana sobre a vida e a paisagem do Nordeste do Brasil*. São Paulo: Global, 2004.

_____ et alii. *Novos Estudos Afro-Brasileiros: trabalhos apresentados no 1º Congresso Afro-Brasileiro do Recife*. Rio de Janeiro: Civilização Brasileira, v. 2, 1937.

GALENO, Cláudio. *Oeuvres complètes: De alimentorum facultatibus*, Lib. I, cap. 34, *De simplicium medicamentorum temperamentis ac facultatibus*, Lib VII, cap. 10. (Ed. C. G. Kühn). Leipzig: C. Cnobloch, 1821-33.

GARCIA DA ORTA. *Colóquios dos simples e drogas da Índia*. Reprodução fac-similar da edição de 1891, dirigida e anotada pelo Conde de Ficalho. Lisboa: Imprensa Nacional Casa da Moeda, 1987, 2 v.

GARCIA MORENO, João Batista P. "Aspectos do maconheiro em Sergipe". In: *Maconha: coletânea de trabalhos brasileiros*. 2. ed. Rio de Janeiro: Serviço Nacional de Educação Sanitária, 1958.

GAUTIER, T. "Le club des Hachichins". *Revue des Deux-Mondes*, Paris, n. 13, 1846, pp. 520-35.

"Gilberto Gil condenado a um ano de reclusão". *Folha de S.Paulo*, São Paulo, 16/7/1976.

GIRAUD, Jules. *Testament d'un haschischéen*. Paris: H. & H. Durville, 1913.

GOBERT, E. "Moeurs des fumeurs de chanvre". *Archives de l'Institut Pasteur de Tunis* 14, 1925, pp. 422-33.

GOODMAN, Jordan; LOVEJOY, Paul; SHERRATT, Andrew (orgs.). *Consuming Habits: Drugs in History and Anthropology*. Londres/Nova York: Routledge, 2005.

GRAÇA, Celestino. *A cultura do cânhamo*. Lisboa: Sá da Costa, 1945.

"Grupo de Gilberto Gil interrompe temporada". *Folha de S.Paulo*, São Paulo, "Ilustrada", 10/7/1976.

GUYON, Louise et. alii. *Tabac, alcool, drogues, jeux de hasard et d'argent: à l'heure de l'integration des pratiques*. Québec: Presses de l'Université Laval, 2009.

Hemp for Victory. Documentário. Direção: Raymond Evans. Roteiro: Brittain B. Robinson. Produção: Departamento de Agricultura dos Estados Unidos. Estados Unidos, 1942. P&B. 16 min.

HENMAN, Anthony. *Drogues légales: l'expérience de Liverpool*. Paris: Éditions du Lézard, 1995.

HENMAN, Anthony; PESSOA JÚNIOR, Osvaldo (orgs.). *Diamba Sarabamba: coletânea de textos brasileiros sobre a maconha*. São Paulo: Ground, 1986.

HERÓDOTO. *História*. 2. ed. Tradução, introdução e notas de Mario da Gama Kury. Brasília: Universidade de Brasília, 1988.

HILDEGARD VON BINGEN. *Physica: the Complete English Translation of Her Classic Work on Health and Healing*. Tradução para o inglês de Priscilla Throop. Vermont: Healing Arts Press, 1998.

HOEHNE, Frederico Carlos. *O que vendem os ervanários da cidade de São Paulo*. São Paulo: Serviço Sanitário do Estado/Casa Duprat, 1920.

HOMERO. *Odisseia*. Tradução de Trajano Vieira. São Paulo: Editora 34, 2012.

IGLÉSIAS, Francisco de Assis. "Sobre o vício da diamba". *Annaes Paulistas de Medicina e Cirurgia*, São Paulo, v. 9, 1918, pp. 274--81.

INGLIS, Brian. *The Forbidden Game: A Social History of Drugs*. Nova York: Charles Scribner's Sons, 1975.

JONES, H. L. "Note on *Cannabis indica* as a Narcotic". *The Practitioner*, Londres, vol. XXXV, 1885, p. 251.

JOY, Janet E.; WATSON, Stanley J.; BENSON, John A. (orgs.). *Marijuana and Medicine: Assessing the Science Base*. Washington: National Academy Press, 1999.

JUDEE, C. "De quelques hallucinations produites par le hashich". *Gazette des Hôpitaux Civils et Militaires*, Paris, n. 28, 1855, p. 279.

KENDELL, Robert. "*Cannabis* Condemned: the Proscription of Indian Hemp". *Addiction*, v. 98, n. 2, 2003, pp. 143-51.

KRAINIK, R. *Les Toxicomanies, opiaciés, alcool, cocaïne, haschisch: étude physio-pathologique et thérapeutique*. Paris: Doin et Cie, 1939.

KUSINITZ, Marc. *Tudo sobre drogas: famosos e drogados*. São Paulo: Nova Cultural, 1988.

LABATE, Beatriz C. et. alii. *Drogas e cultura: novas perspectivas*. Salvador: Edufba, 2008.

LAGUNA, Andres. *Pedacio Dioscorides Anazarbeo, annotado por el doctor Andres Laguna, medico dignissimo de Julio III pontifice maximo, nuevamente ilustrado, y añadido, demonstrando las figuras de plantas, y animales en estampas finas, y dividido en dos tomos*. Madri: Alonso Balbas, 1733.

LALLEMAND, François. *Le Hachich*. Paris: Paulin, 1843.

LANÇAMENTO da comissão latino-americana sobre drogas e democracia. *Boletim drogas e violência no campo*, ano 4, n. 11. 5 set. 2008. Disponível em: http://www.koinonia.org.br/bdv/detalhes.asp?cod_artigo=309&cod_boletim=30

LARANJEIRA, Ronaldo Ramos. "Entrevista com Ronaldo Laranjeira, da Unifesp". Unidade de Pesquisa em Álcool e Drogas (Uniad). Disponível em: http://www.uniad.org.br/images/stories/publicacoes/outras%20drogas/Maconha-entrevista.pdf. Acesso em: 20/11/2014.

LARANJEIRA, Ronaldo Ramos; MARQUES, Ana Cecilia Petta Roselli. "Maconha, o dom de iludir". *Folha de S.Paulo*, São Paulo, 22/7/2010.

LAVRADIO, marquês de, Luiz de Almeida Portugal. "Relatório do Marquez de Lavradio. Vice-Rei do Rio de Janeiro, entregando o governo a Luiz de Vasconcellos e Souza, que o sucedeu no vice-reinado". *Revista Trimensal de Historia e Geographia, ou Jornal do Instituto Historico Geographico Brasileiro*, n. 16, 1843.

_____. *Cartas do Rio de Janeiro (1769-1776)*. Rio de Janeiro: Arquivo Nacional, 1975.

LAWRENCE, H. C. "Toxic Effects of *Cannabis indica*". *Lancet*, Londres, v. 1, 1890, p. 824.

LÉRY, Jean de. *Viagem à terra do Brasil*. Tradução e notas de Sérgio Milliet. Belo Horizonte/São Paulo: Itatiaia/Edusp, 1980.

LONDON SCHOOL OF ECONOMICS (LSE). Ideas Reports. "The Expert Group on the Economics of Drug Policy". Londres: LSE, 7/5/2014.

Disponível em: http://www.lse.ac.uk/publicEvents/events/2014/05/20140507t1830vLSE.asp. Acesso em: 20/11/2014.

LOPES, Nei. *Enciclopédia brasileira da diáspora africana*. São Paulo: Selo Negro, 2004.

LUCENA, José. "Os fumadores de maconha em Pernambuco". *Arquivos da Assistência a Psicopatas de Pernambuco*, n. 1, 1934, pp. 355-65, 391-404, 429-41, 467-84.

_____. "Alguns novos dados sobre fumadores de maconha". *Arquivos da Assistência a Psicopatas de Pernambuco*, Recife, n. 1-2, 1935, p. 197.

_____. "Maconhismo crônico e psicoses". In: *Maconha: coletânea de trabalhos brasileiros*. 2. ed. Rio de Janeiro: Serviço Nacional de Educação Sanitária, 1958.

_____. "Maconhismo e alucinações". In: *Maconha: coletânea de trabalhos brasileiros*. 2. ed. Rio de Janeiro: Serviço Nacional de Educação Sanitária, 1958.

LUDLOW, Fitz Hugh. *The Hasheesh Eater: Being Passages from the Life of a Pythagorean*. Nova York: Harper & Brothers Publishers, 1857.

MACIEL, Luiz Carlos; CENTRO DE DEBATES MARIA SABINA (orgs.). *Maconha em debate*. São Paulo: Brasiliense, 1985.

MACK, Alison; JOY, Janet. *Marijuana As Medicine?: the Science Beyond the Controversy*. Washington: National Academy Press, 2001.

MACRAE, Edward; SIMÕES, Júlio Assis. *Rodas de fumo: o uso da maconha entre camadas médias*. Salvador: Edufba, 2004.

MAGRE, M. *La Nuit de haschich et d'opium*. Paris: Flammarion, 1929.

MAMEDE, Eduardo Bizarria. "Maconha, ópio do pobre". *Neurobiologia*, Pernambuco, t. VIII, 1945, pp. 71-93.

MARIA JUANA. *Nós e a maconha*. Fortaleza: Secretaria de Cultura e Desporto, 1986.

MARIANI, Irineu. *Maconha: as portas da decepção*. Porto Alegre: Sinal Comunicações Ltda., 1992.

MARROQUIM, Mário. *A língua do Nordeste (Alagoas e Pernambuco)*. São Paulo: Companhia Editora Nacional, 1934.

MARTIUS, Carl Friedrich Philipp von. *Flora Brasiliensis, enumeratio plantarum in Brasilia hactenus detectarum: quas suis aliorumque botanicorum studiis descriptas et methodo naturali digestas*. Munique/Leipzig: Friedrich Fleischer, v. 4, 1853.

MATHRE, Mary Lynn. Cannabis *in Medical Practice: a Legal, Historical and Pharmacological Overview of the Therapeutic use of Marijuana*. Jefferson: McFarland & Company, 1997.

MECHOULAM, R.; CARLINI, E. A. "Toward Drugs Derived from *Cannabis*". In: *Naturwissenschaften*. Berlin/Heidelberg: Springer Verlag, 1978, pp. 174-9.

MEDEIROS, Maurício Campos de. "Maconha e seus efeitos". In: *Maconha: coletânea de trabalhos brasileiros*. 2. ed. Rio de Janeiro: Serviço Nacional de Educação Sanitária, 1958.

MEIRA PENNA. *Notas sobre plantas brasileiras: contendo a descripção, pathogenesia e indicações das plantas usadas na homeopathia*. Rio de Janeiro: Araújo Penna Filhos, 1921.

MENDONÇA, João. "Os perigos sociais da maconha". In: *Maconha: coletânea de trabalhos brasileiros*. 2. ed. Rio de Janeiro: Serviço Nacional de Educação Sanitária, 1958.

MENDONÇA, Renato. *A influência africana no Brasil português*. Brasília: Fundação Alexandre Gusmão, 2012.

MENZ, Maximiliano. "Os escravos da Feitoria do Linho Cânhamo: trabalho, conflito e negociação". *Revista Afro-Ásia*, n. 32, 2005, pp. 139-58.

MERRILL, F. T. *Marihuana: The New Dangerous Drug*. Washington, D.C.: Foreign Policy Association, 1938.

MIKURIYA, Tod H. (org.). *Marijuana: Medical Papers, 1839-1972*. Oakland: Medi-Comp Press, 1973.

MINISTÉRIO DA SAÚDE. *Maconha: coletânea de trabalhos brasileiros*. 2. ed. Rio de Janeiro: Serviço Nacional de Educação Sanitária, 1958.

MISSE, Michel. "Sociologia e criminalização". In: MACIEL, Luiz Carlos; CENTRO DE DEBATES MARIA SABINA (orgs.). *Maconha em debate*. São Paulo: Brasiliense.

MOLD, Alex; BERRIDGE, Virginia. *Voluntary Action and Illegal Drugs: Health and Society in Britain Since the 1960s*. Basingstoke: Palgrave Macmillan, 2010. (Science, Technology and Medicine in Modern History).

MORAES, Carlos de Souza. *Feitoria do Linho Cânhamo: documentação inédita*. Porto Alegre: Parlenda, 1994.

MOREAU, Jacques-Joseph. *Du hachisch et de l'aliénation mentale: études psychologiques*. Paris: Fortin et Masson, 1845.

MORIANI, Hugo. *Saga dos marginais: contos do álcool, mulheres, e maconha*. São Paulo: s. e., 1964.

MOTT, Luiz. "A maconha na história do Brasil". In: HENMAN, Anthony; PESSOA JÚNIOR, Osvaldo (orgs.). *Diamba Sarabamba: coletânea de textos brasileiros sobre a maconha*. São Paulo: Ground, 1986.

MOTTA, Nelson. *Noites tropicais: solos, improvisos e memórias musicais*. Rio de Janeiro: Objetiva. 2000.

MURAD, José Elias. "Posfácio. A maconha no Brasil: ontem e hoje". In: NAHAS, Gabriel G. *A maconha ou a vida*. Rio de Janeiro: Editorial Nórdica, 1986.

_____. *Maconha: a toxicidade silenciosa*. Belo Horizonte: O Lutador, 1996.

MYTTENAERE, M. F. de. "Septième Exposé sur la *Cannabis*. Le Cannabinol". *Bulletin de l'Académie Royale de Médecine de Belgique*, Bruxelas, 6ª série, n. 6, 1941, pp. 326-44.

NAHAS, Gabriel G. *A maconha ou a vida*. Rio de Janeiro: Editorial Nórdica, 1986.

NARDI, Jean Baptiste. *O fumo brasileiro no período colonial: lavoura, comércio e administração*. São Paulo: Brasiliense, 1996.

"O vício juvenil". *Veja*, São Paulo, 22/4/1970.

ORTIZ VELASQUEZ, J. "Marihuana y sus efectos". *Anales de la Academia de Medicina de Medellín*, Medellín, v. 3, 1948, pp. 498--510.

O'SHAUGHNESSY, William Brooke. "Case of Tetanus, Cured by a Preparation of Hemp (The *Cannabis indica*)". *Transactions of the Medical and Physical Society of Bengal 8*, 1838-40, pp. 462-9.

_____. "Indian Hemp". *Provincial Medical Journal and Retrospect on the Medical Sciences*, Londres, 1843, pp. 436-8.

_____. "On the *Cannabis indica*, or Indian Hemp". *Pharmaceutical Journal and Transactions*, Londres, n. 2, 1843, pp. 594-5.

_____. "On the Preparations of the Indian Hemp, or *Gunjah* (*Cannabis indica*); their Effects on the Animal System in Health, and their Utility in the Treatment of Tetanus and Other Convulsive Diseases". *Provincial Medical Journal and Retrospect on the Medical Sciences*, Londres, 1843, pp. 343-7, 363-9, 397-8.

OSWALDO JÚNIOR. "A luta pela descriminalização". In: MACIEL, Luiz Carlos; CENTRO DE DEBATES MARIA SABINA (orgs.). *Maconha em debate*. São Paulo: Brasiliense, 1985.

PARREIRAS, Décio. "Canabismo ou maconhismo". In: *Maconha: coletânea de trabalhos brasileiros*. 2. ed. Rio de Janeiro: Serviço Nacional de Educação Sanitária, 1958.

_____. (org.). *Cânabis brasileira (pequenas anotações)*. Rio de Janeiro: Comissão Nacional de Fiscalização de Entorpecentes, 1959.

PECKOLT, Theodor. *História das plantas alimentares e de gozo do Brasil*. Rio de Janeiro: Laemmert & Cia., 1871-84, 5 v.

_____. *História das plantas medicinais e úteis do Brasil*. Rio de Janeiro: Laemmert & Cia., 1888-1914, 8 v.

PEON DEL VALLE, J. "Algunos aspectos de la actual lucha contra la toxicomanía en Mexico". *Boletín de la Oficina Sanitaria Panamericana*, Washington, v. 12, 1933, pp. 347-55.

PEREIRA, J. R. "Contribuição para o estudo das plantas alucinatórias, particularmente da maconha *(Cannabis sativa)*". *Revista da Flora Medicinal*, Rio de Janeiro, ano 13, n. 3, 1945, pp. 83-209.

PEREIRA, Leonardo. "O cânhamo ou diamba e seu poder intoxicante". In: *Maconha: coletânea de trabalhos brasileiros*. 2. ed. Rio de Janeiro: Serviço Nacional de Educação Sanitária, 1958.

PÉRES, Heitor. "Diambismo". In: *Maconha: coletânea de trabalhos brasileiros*. 2. ed. Rio de Janeiro: Serviço Nacional de Educação Sanitária, 1958.

PERNAMBUCANO, Jarbas. "A maconha em Pernambuco". In: FREYRE, Gilberto et alii. *Novos Estudos Afro-Brasileiros: trabalhos apresentados no 1º Congresso Afro-Brasileiro do Recife*. Rio de Janeiro: Civilização Brasileira, v. 2, 1937.

PERNAMBUCO FILHO, Pedro; BOTELHO, Adauto. *Vícios sociais elegantes: cocaína, ether, diamba, ópio e seus derivados etc.; estudo clínico, médico-legal e prophylactico*. Rio de Janeiro: Francisco Alves, 1924.

PESSOA JÚNIOR, Osvaldo. "A liberação da maconha no Brasil". In: HENMAN, Anthony; PESSOA JÚNIOR, Osvaldo (orgs.). *Diamba Sarabamba: coletânea de textos brasileiros sobre a maconha*. São Paulo: Ground, 1986.

PIN, Jean-Jacques. "Approche sociologique du phénomène drogue". *L'Homme et la société*, n. 23 (Sociologie critique et critique de la sociologie), 1972, pp. 167-76.

PIO, Miranda. *Dicionário das plantas úteis do Brasil*. Rio de Janeiro: Imprensa Nacional, 1926-75.

PLÍNIO, O VELHO. *The Natural History of Pliny*. Tradução para o inglês de John Bostock e H. T. Riley. Londres: Henry G. Bohn, v. IV, 1856.

"Polícia catarinense prende Gilberto Gil". *Folha de S.Paulo*, São Paulo, 8/7/1976, p. 39.

"Por trás da cortina de fumaça". *Superinteressante*, São Paulo, ano 12, n. 4, 1998.

PORTER, Roy; TEICH, Mikulás. *Drugs and narcotics in history*. Cambridge/Nova York: Cambridge University Press, 1998.

"Quando a maconha cura". *Superinteressante*, São Paulo, ano 9, n. 8, 1995.

Quebrando o tabu. Documentário. Direção: Fernando Grostein Andrade. Produção: Spray Filmes, STart Cultura e Luciano Huck. Brasil, 2011. Cor. 74 min. Trailer disponível em: http://www.quebrandootabu.com.br/. Acesso em: 20/11/2014.

RABELAIS, François. *Gargântua e Pantagruel*. Tradução de David Jardim Júnior. Belo Horizonte: Itatiaia, 2009.

RAMOS, Arthur. *O negro brasileiro: etnografia religiosa e psicanálise*. 3. ed. São Paulo: Companhia Editora Nacional, 1951.

RESENDE, Beatriz (org.). *Cocaína: literatura e outros companheiros de ilusão*. Rio de Janeiro: Casa da Palavra, 2006.

RICKARDS, B. R. (org.). "New York City's Campaign Against Marihuana". *Health News*, Albany, 1935, pp. 135-6.

"Rita Lee e mais três do conjunto presos". *Diário Popular*, São Paulo, 25/8/1976.

ROCHA, Irabussu. "Prefácio (2. ed.)". In: *Maconha: coletânea de trabalhos brasileiros*. 2. ed. Rio de Janeiro: Serviço Nacional de Educação Sanitária, 1958.

ROSADO, Pedro. "O vício da diamba no estado do Pará, uma toxicose que ressurge entre nós". In: *Maconha: coletânea de trabalhos brasileiros*. 2. ed. Rio de Janeiro: Serviço Nacional de Educação Sanitária, 1958.

ROWAN, Robinson. *O grande livro da* Cannabis*: guia completo de seu uso industrial, medicinal e ambiental*. Rio de Janeiro: Jorge Zahar, 1999.

SACY, Silvestre de. "Des préparations enivrantes faites avec le Chanvre". *Bulletin des Sciences Médicales*, Paris, 1809, p. 204.

_____. "Chrestomathie arabe: Mémoire sur la dynastie des Assassins et sur L'étymologie de leur nom". In: *Histoire et mémoires de l'Institut Royal de France, classe d'histoire et de littérature ancienne*. Paris: Firmin Didot, 1818, v. IV, pp. 1-84.

SAJOUS, Charles Eucharist de Medicis. *Analytic Cyclopedia of Pratical Medicine*. Filadélfia: F. A. Davis Company Publishers, v. 1, 1903.

SANTOS, G. A.; LIMA, E. F.; LUZ, J. H. P. *Drogas e políticas públicas: lei 11.343 e a problemática da diferenciação entre consumo e* tráfico de drogas. São Paulo: Instituto Afrobrasileiro de Ensino Superior, 2012.

SEDDON, Toby. *A History of Drugs: Drugs and Freedom in the Liberal Age*. Nova York: Routledge, 2010.

SEITH, Anne. "America's Marijuana Revolution: Ganjapreneurs Hit the Jackpot". Spiegel On Line International. Disponível em: http://www.spiegel.de/international/business/pot-becomes-big-business-as-states-legalize-cannabis-a-977628.html. Acesso em: 20/11/2014.

SHAW, W. S. J. "*Cannabis indica*: A 'Dangerous Drug'". *British Medical Journal*, Londres, 1923, p. 586.

SILVA ARAÚJO, Julio E. da; LUCAS, Virgílio (orgs.). *Catálogo de extractos fluidos dos Laboratórios Silva Araújo*. Rio de Janeiro: Silva Araújo & Cia. Ltda., 1930.

SIMUNEK, Chris. *Paraíso na fumaça: viagens de um jornalista da High Times*. São Paulo: Conrad do Brasil, 2002.

SOBRADO LOPEZ, J. *El vicio de la droga en Cuba*. Havana: Editorial Guerrero, 1943.

SOUZA, Jorge Emanuel Luz de. *Sonhos da diamba, controles do cotidiano: uma história da criminalização da maconha no Brasil republicano*. Salvador: UFBA, 2012.

STANLEY, E. "Marihuana as Developer of Criminals". *The American Journal of Police Science*, Chicago, v. 2, 1931, pp. 252-61.

STARKS, Michael. *Marijuana Chemistry: Genetics, Processing & Potency*. Berkeley: Ronin Publishing, 1990.

"Tarja verde". In: *A revolução da maconha*. Edição especial da revista *Superinteressante*, São Paulo, 27/2/2014.

TAVARES, Adelmar. "Revisão Criminal n° 767". In: *Maconha: coletânea de trabalhos brasileiros*. 2. ed. Rio de Janeiro: Serviço Nacional de Educação Sanitária, 1958.

TAYLOR, Bayard. *The Lands of the Saracen; or, Pictures of Palestine, Asia Minor, Sicily and Spain*. Nova York: G. P. Putnam & Co., 1863.

TIBA, Içami. *Saiba mais sobre maconha e jovens*. 3. ed. São Paulo: Ágora, 1993.

TOIT, Brian M. du. "Man and *Cannabis* in Africa: A Study of Diffusion". *African. Economic History*, Madison, n. 1, 1976, pp. 17-35.

TORRELLA, Carrie Lynn. *Hemp vs. Marijuana: the Federal Battle to Control the Meaning of Cannabis*. (Dissertação de mestrado em História). Bloomington: Indiana University, 2011.

TSCHUDI, Johann Jakob von. *Viagem às províncias do Rio de Janeiro e São Paulo*. Belo Horizonte/São Paulo: Itatiaia/Edusp, 1980.

TULL-WALSH, J. H. "Hemp Drugs and Insanity". *The Journal of Mental Science*, Londres, v. XL, 1894, pp. 21-36.

UNIVERSIDADE DE SÃO PAULO. "Debate: Descriminalização da maconha". (Transcrição de material fonográfico). São Paulo: Centro Acadêmico da Filosofia, 1980.

WEINTRAUB, Mauro. *Sonhos e sombras: a realidade da maconha*. São Paulo: Harper & Row do Brasil, 1983.

YEATS, William Butler. *The Collected Works of W. B. Yeats, Volume III: Autobiographies*. Londres: Simon and Schuster, 2010.

ZUARDI, Antônio Waldo. "História da *Cannabis* como medicamento: uma revisão". *Revista Brasileira de Psiquiatria*, São Paulo, v. 28, n. 2, 2006, pp. 153-7.

Este livro foi composto com a fonte Ipsum Sans
e impresso em maio de 2022 pela gráfica Edições Loyola
em papel Polén Soft (miolo) e cartão Supremo (capa).